Eliana Ferioli

REGROWING

Neue Triebe aus Obst- und Gemüseresten

Für Garten, Balkon und Fensterbank

Land & WERKEN

HEEL

HEEL Verlag GmbH
Gut Pottscheidt
53639 Königswinter
Tel.: 02223 9230-0
Fax: 02223 9230-13
E-Mail: info@heel-verlag.de
www.heel-verlag.de

Via Bolognese 165 - 50139 Firenze - Italia
Piazza Virgilio 4 - 20123 Milano - Italia
www.giunti.it

Originaltitel: Non si butta niente – Realizzare un orto casalingo con gli scarti di cucina
Layout: Bebung
Fotos: Archiv des Verlags Giunti/Silvia Pecora
Mit Ausnahme von:
© stock.adobe.com: coltik (U1 o), Mehriban (U1 u)
© shutterstock.com: S. 10, S. 11, S. 12, S. 17, S. 19, S. 21, S. 24, S. 31, S. 39, S. 40, S. 42, S. 45, S. 51 u. r., S. 58, S. 70, S. 74, S. 75, S. 76, S. 83, S. 89, S. 97, S. 119
Illustrationen: © shutterstock.com

Deutsche Ausgabe:
Übersetzung aus dem Italienischen: Dania D'Eramo und Simone Gerhardt
Satz: gb-s Mediendesign, Königswinter
Covergestaltung: Axel Mertens, Heel Verlag GmbH
Lektorat: Helge Wittkopp

Printed in Croatia
ISBN 978-3-96664-185-2

INHALT

EINLEITUNG

Es gibt viele Gründe, den eigenen Lebensstil zu ändern. Ein Grund wird aber immer dringlicher und betrifft uns alle: der Umweltschutz und damit der Schutz unseres Planeten. Diese Aufgabe erscheint unmöglich? Der Auftrag zu anspruchsvoll? Nein – wenn wir alle Verantwortung dafür übernehmen. Kleine tägliche Beiträge werden mit der Zeit zu Meilensteinen eines neuen, bewussteren Lebensstils. Man kann zum Beispiel bei der Abfallentsorgung anfangen – weltweit ein echtes Problem. Hier können wir beginnen, unser ökologisches Bewusstsein in konkretes Handeln umzusetzen.

Abfälle sind unvermeidbar, aber es ist möglich, sie deutlich zu reduzieren. Das beginnt schon beim Konsumverhalten. Kaufen Sie saisonale und regionale Produkte, vermeiden Sie Einwegartikel und wählen Sie langlebige, verpackungsfreie Produkte – oder zumindest Produkte mit recycelbaren oder wiederverwendbaren Verpackungen. Wirklich sinnvoll tätig werden können Sie aber vor allem **in Ihrer Küche**.

Nehmen wir an, Sie haben einen reichhaltigen Gemüseeintopf zubereitet. Nachdem Sie alles gereinigt haben, liegen eine Menge Gemüsereste auf dem Arbeitstisch. Vielleicht haben Sie noch Reste von Salatköpfen und Selleriestangen, Kerngehäuse von Äpfeln und Samen von Tomaten und Paprika … ganz zu schweigen von den vergessenen Karotten im Kühlschrank und den verschrumpelten Kartoffeln im Korb, bei denen man einfach nicht weiß, wohin damit. Werfen Sie all das nicht in den Müll! Es gibt eine Möglichkeit, diesen Gemüseresten neues Leben zu schenken: **Regrowing**. Das Prinzip ist einfach: Aus den Gemüseresten wachsen unter geeigneten Bedingungen neue Pflanzen nach. Schon bald wird Ihrer ganzen Familie ein richtiger **Mini-Gemüsegarten** zur Verfügung stehen, ohne dass Sie einen Fuß vor die Tür setzen müssen.

Auf den folgenden Seiten erfahren Sie, wie Ihnen dies gelingt, denn die Nachzucht zu Hause erfordert keine besondere Ausrüstung, nur Zeit und Geduld. Neben der Verringerung des Abfalls können Sie damit weitere wichtige Ziele erreichen.

Finanzielle Ersparnis. Ob sich mit dem Regrowing von Gemüseresten tatsächlich die Ausgaben senken lassen, hängt davon ab, was Sie normalerweise essen und wie viel Zeit und Energie Sie investieren können. Vielleicht werden Sie am Ende nur ein paar Euro sparen. Dennoch machen Sie damit einen wichtigen Schritt hin zur Umsetzung eines bedeutenden Ziels.

Hohe Lebensmittelqualität. Lebensmittel, die in Obst- und Gemüsegeschäften verkauft werden, müssen laut Gesetz mit einem Schildchen gekennzeichnet sein, auf dem Sorte, Ursprungsland und Lebensmittelgruppe genannt werden. Aber reichen diese drei Angaben, um die Qualität dessen zu garantieren, was wir essen? Natürlich nicht. Ein Grund mehr, Basilikum und Salat, Tomaten und Erdbeeren, Sellerie und Zwiebeln selbst anzubauen …

Schöne gemeinsame Erlebnisse. Wir leben in hektischen Zeiten. Momente der Geselligkeit sind selten. Die Küche dagegen ist ein Ort, an dem wir häufig zusammenkommen. Mit Gemüse und Obst zu experimentieren, kann eine Gelegenheit sein, gemeinsam etwas Nützliches und ökologisch Sinnvolles zu tun – und dabei Spaß zu haben.

Kinder miteinbeziehen. Alle Regrowing-Versuche in diesem Buch sind auch für Kinder geeignet: Sie sind einfach – und garantiert erfolgreich. Mit ihnen können Kinder nachvollziehen, woher das Essen kommt, und gleichzeitig etwas über Botanik und Gartenbau lernen.

→ Erster Teil

FRISCH *gewagt* …

Bevor Sie sich an die Arbeit machen, sollten Sie die verschiedenen Gemüsesorten näher kennenlernen. Nur so können Sie entscheiden, welche sich am besten für Ihre Regrowing-Versuche eignen.

Wissenswertes über Gemüse

Pflanzen sind unglaubliche Lebewesen. Selbst der kleinste Samen enthält alles, was er braucht, um eine mächtige Eiche zu werden, ein Salatkopf oder eine Kletterrose ... Ebenso fantastisch ist, dass einige Pflanzen aus Zweigen oder anderen Pflanzenteilen **nachwachsen** können und dass sie – einmal ins Wasser gesetzt – Wurzeln und damit neue Individuen bilden. Einige Pflanzen wachsen, blühen, bilden Samen und ziehen sich dann in den Boden zurück, um im Folgejahr aus ihren unterirdischen Pflanzenteilen wieder auszutreiben. Einjährige Pflanzen dagegen sterben vollständig ab. Je nach Gemüsesorte sind Wurzeln, Stängel, Blätter, Blüten oder Samen essbar.

Wenn Sie in Ihrer Küche eine Pflanze aus Gemüseresten nachziehen wollen, befassen Sie sich mit ihren natürlichen Eigenschaften und dem vorhandenen Potential, neue Pflanzenteile zu bilden, um bessere Erfolgschancen zu haben. Um sicherzustellen, dass Ihre Arbeit erfolgreich ist, sollte der Pflanzenteil einen oder mehrere **aktive Triebe** haben, aus denen neue Sprossachsen, Blätter und Blüten gebildet werden können. Es ist wichtig, dass Sie erkennen, wo diese Triebe sind: In Wurzeln und Sprossachsen befinden sie sich an der jeweiligen Spitze, in Samen und Zwiebeln im Inneren und bei Knollen auf der Außenseite.

Auf den folgenden Seiten lernen wir die Einteilung der Gemüsesorten nach ihren essbaren Pflanzenteilen kennen.

Karotten und Radieschen gehören zu den Wurzelgemüsen, die am häufigsten in der Küche verwendet werden

WURZELGEMÜSE Die Wurzel ist der unauffälligste Teil einer Pflanze und wird oft übersehen. Tatsächlich aber ist das Wurzelwerk für das Leben der Pflanze unverzichtbar, da es zwei grundlegende Funktionen erfüllt: die Verankerung im Boden und die Wasseraufnahme. Ohne dieses dichte Geflecht wäre die Pflanze nicht in der Lage, dem Wind zu widerstehen und eine aufrechte Position zu halten. Wasser und die darin enthaltenen Mineralstoffe stellen die unentbehrliche Nahrung für die Pflanze dar und ermöglichen es ihr, zu leben und sich zu vermehren. In einigen Pflanzen sammelt sich ein Teil dieser Nährstoffe in der Wurzel an, die so zu einem wertvollen **Speicherorgan** wird, in dem Stärke, Zucker, Vitamine und Mineralstoffe gespeichert werden. Darauf greift die Pflanze im Bedarfsfall zurück.

Viele der Gemüse, die wir täglich auf unserem Speiseplan haben, sind Wurzelgemüse. Die Abfälle mancher von ihnen lassen sich gewinnbringend wiederverwenden. Aber Achtung: Sie werden keine neuen Wurzeln, sondern **Blätter** bilden, die aus dem Trieb am abgeschnittenen Strunk der Pflanze sprießen werden.

- **Dazu gehören:** Rübe, Karotte, Kurkuma, Pastinake, Rettich, Radieschen, Schwarzwurzel, Knollensellerie.

UMGEWANDELTE SPROSSACHSEN: KNOLLEN, ZWIEBELN UND RHIZOME Sprossachsen sind von unterschiedlicher Struktur und Festigkeit – bei krautigen Pflanzen dünn und elastisch, jedoch fest und holzig bei Sträuchern und Bäumen. Sie sind gerade, kriechend oder kletternd und teilweise auch verzweigt. Ihre Funktion ist jedoch immer dieselbe: Sprossachsen bilden Blätter, Blüten und Früchte aus und verbinden den unterirdischen Teil der Pflanze mit dem oberirdischen, um den Flüssigkeitstransport von einem Ende zum anderen in beiden Richtungen zu gewährleisten.

Die Sprossachse kann sich aber auch unter der Erde entwickeln. Dort verändert sie sich, schwillt an und übernimmt, wie manche Wurzeln, die Funktion eines Speicherorgans. Zu den umgewandelten Sprossachsen gehören Pflanzenknollen (z. B. Kartoffeln), Zwiebelgemüse (z. B. Küchenzwiebeln) und Rhizome (z. B. Ingwer), deren detaillierte Struktur in den jeweiligen Kapiteln genauer beschrieben wird. Eine unterirdische Sprossachse von einer Wurzel zu unterscheiden, ist einfach: Die Sprossachse besitzt einen apikalen Spross (Vegetationskegel), der sich ausdehnen und wachsen kann. Aus den gut erkennbaren Knospen (auch Augen genannt) treiben neue Sprosse und bilden neue Individuen. Um Pflanzen aus Gemüseresten nachzuziehen, müssen Sie sicherstellen, dass solche Knospen oder schon daraus entwickelte Triebe vorhanden sind.

- **Dazu gehören:** Knoblauch, Kohlrabi, Zwiebel, Fenchel, Kartoffel, Süßkartoffel, Schalotte, Stangensellerie, Ingwer.

BLATTGEMÜSE Wenn die Wurzel die Verankerung einer Pflanze darstellt, das unsichtbare, aber zähe Geflecht, das sie im Boden befestigt, und die Sprossachse ihr Gerüst, dann steht das Blatt für ihr eigentliches Wesen, das den Beginn und das Ende ihres Lebenszyklus markiert. Ähnlich eines lebenden Labors führen Blätter den außergewöhnlichsten biochemischen Vorgang durch, der auf der Erde stattfindet: die **Fotosynthese**. Durch diesen Prozess können Blätter Wasser und Kohlendioxid in Glukose umwandeln und daraus organische Verbindungen wie Stärke, Lipide und Proteine aufbauen, die nach und nach neue Teile der Pflanze bilden oder sich in den Speicherorganen ansammeln. Das „Abfallprodukt" der Fotosynthese ist Sauerstoff, der in die Luft abgegeben wird.
All dies geschieht durch **Chlorophyll**. Dieser natürliche Farbstoff ist der wertvollste Bestandteil der Blätter, auf den sich die Forschungen von Ernährungswissenschaftlern konzentrieren. Die antioxidativen, schützenden und entgiftenden Eigenschaften von Chlorophyll wurden schon nachgewiesen. Ein weiterer Pluspunkt für Blattgemüse ist ihr hoher Gehalt an Ballaststoffen, Vitaminen und Mineralien. Als Energiequelle dagegen eignen sie sich kaum, da sie eher kalorienarm sind.

Auch aus Blattgemüsesorten lassen sich Pflanzen nachziehen; allerdings funktioniert das nicht mit einzelnen Blättern. Stattdessen wird das gesamte **Büschel** benötigt und darüber hinaus müssen noch lebende Wurzeln am Strunk vorhanden sein.
- **Dazu gehören:** Mangold, Kohl, Chicorée, Gartensalat und andere Salate, Lauch, Spinat.

BLÜTENGEMÜSE Es gibt nicht viele Pflanzen, deren Blütenstand (Infloreszenz) essbar ist. Wegen ihrer ernährungsphysiologischen Eigenschaften zählen sie allerdings sicherlich zu den begehrenswertesten und kostbarsten Nahrungsmitteln. Dazu gehören Brokkoli, von dem wir die grünen, abgerundeten Blüten essen, Blumenkohl, dessen Blütenstände cremeweiß, rotviolett oder gelb sein können, und die Artischocke, deren essbare Blütenknospe von teilweise mit Dornen versehenen Hüllblättern umgeben ist.
Leider sind die Chancen, aus den Resten dieser Gemüse neue Pflanzen zu erhalten, nicht so groß. Blüten sind genetisch darauf festgelegt, **Samen zu produzieren**. Um ein Beispiel zu geben: Wenn Sie die Sprossachse eines Brokkoli einpflanzen, werden die Triebe an ihrem Ende unweigerlich zu Blüten – weiter wird nichts passieren. Lassen Sie die Knospen blühen. Werden die Blüten von Insekten bestäubt oder befruchten sie sich selbst, so können sie Früchte bilden, sobald sie gedüngt sind. Ernten Sie die reifen Samen, säen Sie sie aus und warten Sie: Wenn alles gut geht, werden die Samen keimen und neues Leben hervorbringen. Dazu braucht es allerdings Zeit und Geduld. Wenn die von Ihnen genutzte Mutterpflanze das Resultat einer Hybridzüchtung war, gibt es zudem keine Garantie, dass die Nachkommen dieselben Eigenschaften haben werden.
- **Dazu gehören:** Brokkoli, Blumenkohl, Artischocke.

Brokkoli ist nichts anderes als ein Blütenstand voller Knospen, die als gelbe Blüten aufblühen. Bei der Artischocke ist die Blütenknospe, der essbare Pflanzenteil, von Hochblättern (abgewandelten Blättern) umhüllt.

GEWUSST WIE

Aus einer Pflanze werden viele

Pflanzen vermehren sich in der Natur meist durch die Verbreitung ihrer Samen. Im Garten oder im Gemüsegarten hingegen werden neben dieser generativen Vermehrung durch Aussaat weitere Vermehrungsformen angewendet, die als „vegetative Vermehrung" bezeichnet werden. Ihr Ziel ist die Vermehrung der Pflanze nicht über Samen, sondern durch Teile ihrer selbst. Die Individuen, die so entstehen, sind genetisch mit der Mutterpflanze identisch. Eine der häufigsten vegetativen Vermehrungsmethoden erfolgt durch Stecklinge: Hierfür werden zugeschnittene Teile der Sprossachse (oder ihrer Seitentriebe, der Zweige), Blätter oder Wurzeln ins Wasser oder in den Boden gesteckt, wo sie nach einer Weile neue Wurzeln und neue Triebe bilden. Wie Sie in diesem Buch sehen werden, ist die Stecklingsvermehrung die geeignetste Methode, um Gemüseresten neues Leben einzuhauchen. Auch aromatische Kräuter wie Rosmarin und Salbei lassen sich leicht aus Stecklingen nachziehen. Wichtig ist, im Frühjahr einen jungen, etwa 15 cm langen Zweig zu schneiden, in ein Gefäß mit Erde einzusetzen und feucht zu halten. Nach vier bis fünf Wochen wird der Steckling Wurzeln schlagen. Jetzt müssen Sie ihn nur noch in einen größeren Topf umpflanzen.

FRUCHTGEMÜSE Viele der Gemüsesorten, die wir essen, sind – botanisch gesehen – Früchte. Das ist bei Gurken, Tomaten, Paprika, Auberginen und Zucchini der Fall. Welche ihrer Reste Sie verwenden können, um mit einiger Gewissheit später etwas zu ernten? Sicherlich die **Samen**. Stellen Sie sicher, dass sie vollständig reif sind, bevor Sie sie säen. Nur dann werden sie alle Nährstoffe gespeichert haben, die sie brauchen, um zu keimen. Knoblauchsamen zum Beispiel sind erst dann reif, wenn die gesamte Pflanze vollständig vertrocknet ist; Paprikasamen dagegen, sobald die Frucht die Farbe, Textur und Duft erreicht hat, die auf volle Reife hinweisen.
Wenn es um die Samen geht, kann nicht nur Fruchtgemuse verwendet werden, sondern auch jedes Obst. Wie wir in den nächsten Kapiteln sehen werden, gibt es nichts Einfacheres, als Samen von Äpfeln, Erdbeeren und Kiwis zu ernten … und auszusäen. Die Ergebnisse jedoch sind unvorhersehbar, da die meisten Obstsorten auf dem Markt von **aufgepfropften Pflanzen** stammen. Aus ihren Samen wachsen womöglich schwächere Individuen, mit kleineren und weniger schmackhaften Früchten. Einige werden möglicherweise keine Früchte tragen. Ein Versuch lohnt sich jedoch: Lassen Sie Ihrer Neugier und Freude am Experimentieren freien Lauf.

28 OTT 09:34

ALLES, WAS SIE BRAUCHEN

Um zu erkennen, wie, zu welchen Zeiten und mit welchen Ergebnissen man neue Pflanzen aus Gemüseresten heranziehen kann, ist es von grundlegender Bedeutung, die unterschiedlichen Eigenschaften und Wachstumszyklen von Gemüsesorten und Obstbäumen im Blick zu haben. Ebenso wichtig ist es, einige grundlegende Anbautechniken und -regeln zu kennen.
Damit eine Pflanze wächst, müssen einige Rahmenbedingungen erfüllt sein – und dasselbe gilt für ihre Einzelteile und Reste.

LICHT UND TEMPERATUR Die **richtige Beleuchtung** ist für das Leben aller grünen Pflanzen, d.h. aller mit Chlorophyll ausgestatteten Lebewesen, unentbehrlich. Das Licht setzt eine Reihe chemischer Reaktionen in Gang, auf denen die gesamte Existenz der Pflanze beruht. Es ist daher kein Zufall, dass wir Ihnen im praktischen Teil dieses Buches immer empfehlen, die verarbeiteten Teile oder die bereits treibenden jungen Pflanzen an einen gut beleuchteten Ort zu stellen. Im Haus können Sie die Pflanzen einfach auf die Fensterbank stellen oder die **Lichtverhältnisse** am gewählten Ort mit Tischlampen verbessern. Auch Lampen, die an Regalen angebracht werden und das Licht nach unten auf die Pflanzen werfen, eignen sich gut. Wie viel Licht eine Pflanze benötigt, um aktiv zu sein und zu treiben, variiert von Art zu Art. Einige benötigen täglich mindestens 14 Stunden Licht, andere nur wenige Stunden, wieder andere haben keine besonderen Lichtbedürfnisse. Es sollte Sie daher nicht wundern,

Die innen liegende Fensterbank ist für austreibende Pflanzen der ideale Ort zum Wachsen

wenn Zwiebeln mindestens zwei bis drei Wochen benötigen, um neue Wurzeln und Blätter zu bilden, während Sellerie sieben bis acht Tage ausreichen.
Die Temperatur ist für ein gutes Wachstum genauso wichtig. Die meisten Pflanzen wachsen üppiger, wenn sie zwischen 20 °C und 28 °C liegt. Da ein großer Teil unserer Kultivierungsvorschläge für zu Hause gedacht ist, sollte die Temperatur kein Problem darstellen. Ein heißer oder kalter Luftzug muss jedoch vermieden werden – Heizkörper im Winter und Klimaanlagen im Sommer sind daher keine geeigneten Orte für Ihre Pflanzen.
Im Freien, auf dem Balkon oder auf der Außenfensterbank gelten andere Bedingungen. Die größte Gefahr stellen hier Temperaturschwankungen dar, wie sie manchmal im Frühling auftreten. Um Ihre Zöglinge zu schützen, können Sie die treibenden Pflanzen in ein kleines Gewächshaus stellen, oder die Töpfe nach Bedarf mit **Vliesbahnen** bedecken. Diese sind in jedem gut sortierten Gartencenter oder Baumarkt erhältlich. Das leichte und handliche Material widersteht nicht nur extremen Temperaturen, sondern ist auch wasser-, luft- und lichtdurchlässig.

WASSER Dieses wichtige, für das Leben von Pflanzen unverzichtbare Element kann beim Regrowing von Gemüseresten als **Wachstumsmedium** verwendet werden. In einigen Fällen genügt es, einen Teil der Pflanze ins Wasser zu tauchen, damit es Wurzeln ausbildet. Wird sie dann in die Erde gepflanzt, wächst sie zu einem vollständigen Individuum heran, das reifen, blühen und Früchte tragen kann. Dies gelingt bei Sellerie, Fenchel und Lauch. Die einzige Vorsichtsmaßnahme besteht darin, das **Wasser regelmäßig zu wechseln**: So verhindern Sie die Bildung von schlechten Gerüchen und ein Austrocknen der Wurzeln.

Die Rolle von Wasser ist auch dann von grundlegender Bedeutung, wenn die Nachzucht in Töpfen mit Erde stattfindet. Das Geheimnis des Erfolgs ist, dass der Boden **immer feucht**, aber nicht zu nass sein sollte: Übertreiben Sie es nicht mit der Bewässerung, denn stehendes Wasser könnte die Wurzeln ersticken (auch sie atmen!), so dass sie faulen. Ideal ist es, mit zimmerwarmem Wasser zu wässern: Füllen Sie die Gießkanne und lassen Sie sie zunächst für ein paar Stunden stehen. Beim Gießen achten Sie darauf, die Blätter nicht zu benetzen: Wassertropfen, die auf den Blättern bleiben, wirken wie eine Lupe und bündeln die Sonnenstrahlen, was zu Verbrennungen führen kann.

DER BODEN Fast alle Gemüsesorten benötigen einen nährstoffreichen, lockeren Boden, der feinkrümelig und gut belüftet ist, um die Wurzeln mit ausreichend Sauerstoff zu versorgen. Zudem muss er Wasser aufnehmen können, aber gleichzeitig überschüssige Flüssigkeit abfließen lassen. Eine gute Universal-Pflanzenerde hat in der Regel all diese Eigenschaften, so dass Sie sie mit gutem Erfolg verwenden können. Nur bei Gemüse- oder Obstsorten mit besonderen Ansprüchen sind teilweise weitere „Zugaben" erforderlich: Erdbeeren und Paprika zum Beispiel benötigen ein leicht saures Substrat, das Sie selbst vorbereiten können: Dafür mischen Sie 70 Prozent Universal-Pflanzenerde, 30 Prozent Pflanzenerde für azidophile Pflanzen (Hortensien, Azaleen, Kamelien) und eine Handvoll Sand.

Dieser Universal-Pflanzenerde wurde Perlit beigemischt. Durch die weißen Körner aus Vulkangestein wird der Boden lockerer und besser durchlüftet.

Sand hat eine besonders wichtige Funktion: Gemischt mit Erde oder mit dem Boden im Garten begünstigt er die Drainage und verringert damit die Gefahr von Staunässe. Wichtig ist, dass es sich um **Flusssand** handelt, ein Naturmaterial, das anhand der winzigen, weißlichen und durchsichtigen Quarzkörner erkennbar ist, die im Sonnenlicht glänzen. Auch wenn Sie in der Nähe eines Flusses leben, beachten Sie, dass es gesetzlich verboten ist, Sand für den persönlichen Gebrauch zu entnehmen. Kaufen Sie ihn in Baumärkten oder Gartencentern.
Da Flusssand nicht immer leicht zu erhalten ist, empfehlen wir Ihnen in einigen Fällen im praktischen Teil des Buches, der Erde stattdessen **Perlit** beizumischen, um die Drainage zu begünstigen. Dieses Gestein vulkanischen Ursprungs ähnelt in seinem Aussehen und seinem geringen Gewicht Styropor, ist jedoch porös, was für eine gute Luftdurchlässigkeit des Bodens sorgt und überschüssiges Wasser abfließen lässt.

TÖPFE UND GEFÄSSE Wenn Sie Pflanzen im **Wasser** nachwachsen lassen, steht Ihnen eine große Auswahl an Gefäßen zur Verfügung: Gläser, Schalen, Tassen, Einmachgläser. Einige sollten breitere Öffnungen haben. Gefäße dieser Art eignen sich gut, um die Reste von zum Beispiel Süßkartoffeln, Fenchel, Sellerie und Lauch nachwachsen zu lassen.
Für die treibenden Pflanzen, die direkt in die Erde eingepflanzt werden, benötigen Sie Gefäße unterschiedlicher Größe, die mit einem Abflussloch für die Drainage versehen sind. Was das Material betrifft, beachten Sie, dass Kunststofftöpfe leicht sind und sich einfach reinigen lassen. Zudem gehen sie nicht so leicht kaputt. Da sie wasserdicht sind, halten sie den Boden für lange Zeit feucht, so dass Sie nicht so häufig gießen müssen. **Terrakotta-Töpfe** sind dagegen schwerer (aber auch stabiler) und etwas teurer. Da sie porös sind, lassen sie die

Gepresste Torftöpfe haben den Vorteil, biologisch abbaubar zu sein. Eierschalen werden bei Bedarf zu Gefäßen für die Aussaat.

Wurzeln besser atmen, dafür aber auch das Wasser schneller verdunsten, so dass häufigeres Bewässern erforderlich ist.

Für die **Aussaat** können Sie sehr gut Joghurtbecher und Plastikschalen, in denen Gemüse oder andere Lebensmittel verkauft werden, aber auch Eierbehälter und Eierschalen wiederverwenden. Eine gute Alternative sind **gepresste Torfbecher**: Sie haben den Vorteil, dass sie, sobald die Samen gekeimt sind, zusammen mit dem neuen Sämling in die Erde eingesetzt werden können. Ein Umpflanzen – und das verbundene Trauma für die Pflanze – wird dadurch vermieden. Im Lauf der Zeit wird der Torf abgebaut und mischt sich mit dem Boden. Unabhängig davon, welche Art von Gefäß Sie verwenden, ist es wichtig, dass sie am Boden ein Loch für die Drainage haben. Über dieser Öffnung sollte eine Schicht entwässernden Materials liegen. Ideal ist aus gebranntem Ton hergestellter **Blähton**, der die Form von kleinen, sehr leichten Kügelchen hat.

WERKZEUGE UND MATERIALIEN Für das Regrowing Ihrer Gemüsereste benötigen Sie nur wenige Utensilien:

- ein scharfes, sauberes **Messer**; ideal wäre, es vor dem Gebrauch mit Alkohol oder einem Bleichmittel zu desinfizieren, um schädliche Bakterien oder Schimmelpilze von den Pflanzen fern zu halten;
- eine **Schere**, eventuell auch eine Gartenschere, falls Sie Holzteile schneiden müssen (etwa um Stecklinge aus Rosmarin- oder Salbeipflanzen zu gewinnen);
- einen **Wassersprüher** zum Befeuchten des Bodens und eine **Gießkanne** mit dünnem und leicht gekrümmtem Schnabel, die für kleine Töpfe viel bequemer verwendet werden kann als herkömmliche Gießkannen;
- ein engmaschiges **Sieb**, in dem die Samen unter fließendem Wasser abgespült werden können;
- einige **Beutel**, darunter manche aus Papier, zur Lagerung von Samen;
- je eine Rolle Küchenpapier und Frischhaltefolie, eine Schachtel Zahnstocher, ein paar Servietten aus Baumwolle.

GANZ ZUM SCHLUSS … Sie haben alles richtig gemacht und die Karotten- und Salatreste, Fenchel- und Selleriestrunke, Melonen- und Tomatensamen haben sich wie erwartet verhalten: Sie sind nachgewachsen und haben Ihnen eine letzte Ernte ermöglicht. Damit haben sie zwar ihren Lebenszyklus vollendet – das ist schließlich der Lauf der Dinge –, sind aber immer noch nützlich: Sie können in Kompost umgewandelt werden – ein wahrer Schatz für Hobby- und Profigärtner.

Leicht, krümelig, nach Wald duftend: **Kompost** ist ein wirksamer, natürlicher Dünger und ein ausgezeichneter Zusatz für jede Art von Boden – und zudem kostenlos, da er durch das Recycling von Küchenabfällen und Pflanzenresten aus dem Garten gewonnen werden kann. Wer auf dem Land lebt, hat es einfach, da die zu kompostierenden pflanzlichen Teile direkt auf dem Boden aufgehäuft oder in einem Komposter verwendet werden. Komposter sind einfache, bodenlose Behälter mit Deckel, in denen die verschiedenen Abfälle mit Hilfe von Mikroorganismen, Bakterien, Regenwürmern oder Insektenlarven zersetzt und in fruchtbaren Humus verwandelt werden.

Für Stadtbewohner stehen **Balkonkomposter** zur Verfügung. Das sind kleine Behälter aus verzinktem Stahl, Kunststoff oder Aluminium, die am Boden geschlossen und mit speziellen Filtern ausgestattet sind, um die Bildung von schlechten Gerüchen zu verhindern.

GEWUSST WIE

Was darf auf den Kompost?

JA *Küchenabfälle wie Obstschalen, Gemüsereste, Kaffeesatz, Teebeutel, Eierschalen und altes Brot; Gartenabfälle wie verwelkte Blumen, vertrocknetes Laub, restliche Erde, Stroh, Rasen- und Gehölzschnitt; zerkleinerte Pappe und Zeitungspapier; Holzasche.*

NEIN *Plastiktüten, Verbundstoff-Verpackungen, Joghurtbecher, lackiertes oder behandeltes Holz, Zigarettenstummel, Alufolie, Glas, Fisch- und Fleischreste, Reste von gegarten Lebensmitteln.*

Wie bei allen Kompostern müssen auch hier einige Aspekte beachtet werden:

- stellen Sie den Behälter im Winter an einen hellen Ort und im Sommer in den Schatten;
- um die Zersetzung zu fördern, schneiden Sie die Abfälle in kleine Stücke (1–5 cm), bevor Sie sie zum Kompost geben;
- wenden Sie die Kompostmasse gelegentlich, wässern Sie sie, wenn sie zu trocken ist oder fügen Sie trockenes Material (Blätter, Stroh) hinzu, wenn sie zu feucht ist. Falls erforderlich, geben Sie Kompostierbeschleuniger zu, ein flüssiges oder pulvriges Produkt, das Mikroorganismen enthält, die den Humusbildungsprozess verstärken.

Zweiter Teil

AN DIE *Arbeit!*

Nun kehren wir mit klaren Vorstellungen und mehr Vertrauen in unsere Fähigkeiten als kenntnisreiche Gärtner in die Küche zurück, um die Zero-Waste-Regeln in die Praxis umzusetzen.

WURZELN BEWURZELN

Versteckt, wie sie sind,
werden Wurzeln kaum wahrgenommen,
erfüllen jedoch wichtige Aufgaben, wie zum
Beispiel die Speicherung von wertvollen Nährstoffen.
Unter den bekanntesten Gemüsesorten befinden
sich viele vergrößerte und fleischige Wurzeln, die
in unserer Küche häufig zum Einsatz kommen. Was
können wir aus ihren Resten gewinnen, wenn sie
richtig verwendet werden?

ROTE BETE

Rote Bete, auch Rote Beete oder Rote Rübe genannt, ist ein Wurzelgemüse mit langer Geschichte und zu Unrecht nicht besonders beliebt: Das mag daran liegen, dass die Knollen in der Regel bereits gereinigt und vorgekocht in wenig einladenden Vakuumverpackungen verkauft werden – nur wenige würden sie in rohem Zustand wiedererkennen. Dabei sieht die Pflanze sehr schön aus: Ein Büschel intensiv grüner Blätter mit violetten Blattadern und auffallenden roten bis lila-roten Stängeln krönt eine dunkelrot gefärbte Knolle. Je nach Sorte sind die Knollen der Roten Bete unterschiedlich geformt – meist sind sie rund, teilweise aber auch abgeflacht oder länglich bis zylindrisch. Das Fruchtfleisch der Knollen ist bei vielen Sorten satt weinrot, es gibt jedoch auch fast weiße bis zartrosa gefärbte Sorten. Besonders auffällig sind zweifarbig geringelte Knollen mit Farben unterschiedlicher Intensität. Dies ist zum Beispiel bei der Sorte *Tonda di Chioggia* der Fall, bei der sich hellrosafarbene mit tiefroten Ringeln abwechseln.
In den letzten Jahren fanden vor allem die süßen, saftigen Knollen dieses Wurzelgemüses Beachtung, dessen gesundheitsfördernde Wirkung Ernährungsberater hervorheben. Neben dem angenehmen Geschmack gibt es also viele gute Gründe, Rote Bete häufiger auf den Speiseplan zu setzen. Und das gilt nicht nur für die Knolle: Auch die Blätter lassen sich roh oder gekocht verwenden. Zwar werden sie in der Regel vor dem Verkauf entfernt, damit die Knolle frisch und knackig bleibt, man kann sie jedoch leicht zu Hause anbauen und schon bald frische Blätter ernten.

WAS MAN ERHALTEN WIRD: Blätter.

BENÖTIGTES MATERIAL: ein sauberes scharfes Messer, ein oder mehrere mindestens 35 cm tiefe Gefäße, nährstoffreiche Universal-Pflanzenerde, Blähton, eine Gießkanne, ein Wassersprüher.

ROTE BETE

Geschichte

Ursprünglich stammt die Pflanze aus Nordafrika, wo sie bereits 2000 v. Chr. kultiviert wurde. Griechen und Römer gehörten zu ihren ersten Bewunderern. Erst im 15. Jahrhundert wurde sie in Europa durch spanische und französische Mönche angebaut.

Pflanze

Die Rote Bete (Beta vulgaris var. cruenta rubra) ist eine zweijährige krautige Pflanze: Im ersten Jahr werden die Rübe und die Blätter ausgebildet, im zweiten entwickelt sich ein Blütenstand, an dem die Samen reifen.

Besonderheiten

Die rote Farbe des Fruchtfleisches wird durch das Pigment Betanin hervorgerufen. Unter der Bezeichnung E 162 wird Betanin in der Lebensmittel- und Kosmetikindustrie verwendet, z. B. in Eis, Kaugummis und Wassereis aber auch in Lippenstiften und Lipgloss.

Eigenschaften

Rote Bete hat eine antioxidative, remineralisierende sowie kühlende und entgiftende Wirkung und ihr werden blutdrucksenkende Eigenschaften zugeschrieben. Dank ihres hohen Nitratgehaltes soll sie in der Lage sein, die Muskelleistung auf ganz natürliche Weise zu verbessern.

SO WIRD'S GEMACHT

Bereiten Sie ein oder mehrere Gefäße mit einer Schicht entwässernden Materials, vorzugsweise Blähton, vor. Füllen Sie Erde bis wenige Zentimeter unterhalb des Gefäßrandes ein und wässern Sie diese, so dass der Boden feucht, aber nicht durchnässt ist.

1 Schneiden Sie mit dem Messer die Rote Bete ein paar Zentimeter unter dem Blattansatz ab. Falls noch Blätter vorhanden sind, kürzen Sie diese auf etwa 2 cm.

2 Legen Sie die abgeschnittenen Knollenteile mit der Schnittseite nach unten auf die Erde. Bedecken Sie die Knollenstücke so mit Erde, dass der Blattansatz frei bleibt und immer genug Licht bekommt.

3 Stellen Sie das Gefäß an einen hellen Ort, zum Beispiel auf die Fensterbank, vermeiden Sie jedoch direkte Sonneneinstrahlung. Halten Sie die Erde immer leicht feucht. Dafür eignet sich am besten ein Wassersprüher: Das Wasser kann damit gut dosiert und gleichmäßig verteilt werden, ohne die Erde aufzuschwemmen.

NACH EINIGER ZEIT …

Nach etwa fünf bis sechs Tagen sprießen aus dem Knollenstück neue Blätter, die nach Bedarf geerntet werden können. Nach etwa drei Wochen, wenn die Neubildung der Blätter nachlässt, können die Pflanzen ins Freie gesetzt werden – direkt in den Boden im Garten oder in ein tiefes Gefäß auf dem Balkon. Wenn alles gut geht, entwickelt sich ein dicker violetter Stängel mit kleinen, grünlichen Blüten, die vom Wind bestäubt werden. Reife Samen können geerntet und wieder ausgesät werden.

ROTE BETE

IN DER KÜCHE

Wertvolle Blätter

Die Blätter der Roten Bete können wie Spinat oder Mangold zubereitet werden. Zum Beispiel können sie:

- **roh in Salaten** *verwendet werden; dafür die dicken zähen Stiele entfernen;*
- *in etwas salzigem Wasser etwa 15 Minuten* **gekocht***, dann mit Öl und etwas Essig abgeschmeckt und mit anderem gekochten Gemüse kombiniert werden;*
- *in der Pfanne mit Knoblauch und einer Prise Chili in Öl* **angebraten** *und nach Geschmack mit eingeweichten Rosinen und Pinienkernen verfeinert werden;*
- *gehackt als Basis für ein* **Risotto** *zu gedünsteten Zwiebeln gegeben und zusammen mit dem Reis in einer Gemüsebrühe gegart werden.*

KAROTTE

Die süßlichen, knackigen Karotten gehören zu den am häufigsten verwendeten Gemüsesorten in der Küche. Das liegt unter anderem auch daran, dass sie praktisch das ganze Jahr über erhältlich sind. Dank geschickter Hybridzüchtungen finden sich auf dem Markt frühe, mittelfrühe, mittelspäte und späte Sorten, die zu verschiedenen Jahreszeiten reifen. Ebenso vielfältig ist das Angebot in Bezug auf Form und Farbe: Neben der klassischen zylindrischen Karotte in unverwechselbarem Orange gibt es runde, konische und kegelförmige, kurze und lange, sowie gelbe, lila und rote Karotten.
Nun zurück in die Küche. Hier ist diese bunte Wurzel die Königin unter den Gemüsesorten: Sowohl gekocht als auch roh lässt sie sich in den unterschiedlichsten Zubereitungen verwenden, die sich durch ihre Einfachheit auszeichnen. Karotten müssen nicht einmal geschält werden: Beta-Carotin, eine Vorstufe von Vitamin A und ein wertvolles Antioxidans, ist gerade in der Schale am höchsten konzentriert. Es genügt, Karotten mit einer Gemüsebürste zu putzen oder leicht mit einem Messer abzuschaben, nachdem man den Strunk entfernt hat. Tatsächlich ist dieser der einzige Verarbeitungsrest, der für Regrowing verwendet werden kann: Unter bestimmten Bedingungen erwacht der Strunk zu neuem Leben und bildet zwar keine neue Wurzel, aber ein üppiges Büschel Blätter aus. Das liegt daran, dass die Karotte einen zwei Jahre andauernden Lebenszyklus hat. Wenn wir sie kaufen, hat sie bereits die erste Phase ihres Lebens durchlaufen, also Blätter (die in der Regel vor dem Verkauf abgeschnitten werden) und eine vergrößerte, fleischige Wurzel ausgebildet. Wäre sie im Boden geblieben, hätte sie in der zweiten Phase geblüht, später wären Samen an ihr gereift. Wir schauen uns nun an, wie man aus Karottenresten Blätter nachwachsen lassen kann, die in der Küche Verwendung finden.

WAS MAN ERHALTEN WIRD: Blätter und Samen.

BENÖTIGTES MATERIAL: ein scharfes Messer, ein oder mehrere mindestens 20 cm tiefe Gefäße, nährstoffreiche, feinkrümelige Universal-Pflanzenerde, Blähton, eine Gießkanne, ein Wassersprüher.

KAROTTE

Pflanze

Die Karotte *(Daucus carota)* ist eine zweijährige krautige Pflanze mit doppelt bis dreifach gefiederten Laubblättern und weißem doppeldoldigem Blütenstand, der zahlreiche Blüten mit fünf Blütenblättern ausbildet.

Deep Purple
hat eine tief dunkelviolette Farbe.

White Satin
ist weiß und verdauungsfördernd.

'Yellow Bunch'
ist gelb und enthält besonders viel Lutein, ein zur Stoffklasse der Carotinoide gehörender Pflanzenfarbstoff, der Augenkrankheiten vorbeugt.

Wenn man von Karotten spricht, hat man das orangene Wurzelgemüse sofort vor Augen. Für die Farbe ist das Pigment Betacarotin verantwortlich, zu dem weitere Pigmente hinzukommen können. Bei der Sorte **Rubrovitamina** sind beispielsweise Anthocyane als Pflanzenfarbstoffe für das satte Rot ursächlich.

Besonderheiten

Die ersten Karotten, die vor etwa 5000 Jahren in Afghanistan angebaut wurden, waren violett. Im 12. Jahrhundert wurden sie nach Europa gebracht und in Spanien in dieser Sortenfarbe kultiviert.

SO WIRD'S GEMACHT

Bereiten Sie ein oder mehrere Gefäße mit einer Schicht Blähton vor und füllen Sie Erde bis wenige Zentimeter unterhalb des Gefäßrandes ein. Gießen Sie nur wenig, so dass der Boden nicht zu feucht ist, damit die Karotten nicht verrotten.

1 Schneiden Sie den oberen Teil (Strunk) der Karotten mit dem Messer etwa 1 cm unterhalb des Blattansatzes ab.

2 Legen Sie die abgeschnittenen Strunkteile mit dem Trieb nach oben auf die Erde und drücken Sie sie sanft hinein, so dass sie etwa zur Hälfte bedeckt sind.

3 Stellen Sie das Gefäß an einen hellen Ort und halten Sie die Erde mit einem Wassersprüher immer leicht feucht.

NACH EINIGER ZEIT ...

Nach etwa sieben bis acht Tagen werden die ersten Blätter sprießen, aber es wird ein paar Wochen dauern, bis sie eine erntereife Länge erreicht haben. Achten Sie bei der Ernte darauf, dass die Triebspitze intakt bleibt, damit weiterhin Blätter gebildet werden können. Wenn die Triebe erschöpft sind, können Sie sie in einen größeren Topf oder direkt in den Boden im Garten pflanzen - am besten in einer sonnigen Ecke. Die Pflanzen werden ihren Lebenszyklus abschließen, indem sie eine bis zu einem Meter hohe Sprossachse bilden, an deren Ende ein Blütenstand entsteht. Lassen Sie ihn trocknen und entnehmen Sie dann die Samen, die in dieser Zeit gereift sind. Reiben Sie sie zwischen Ihren Händen, um die Hülsen zu entfernen und filtern Sie Hülsen und Schmutz zum Schluss mit einem engmaschigen Sieb heraus. Geschützt vor Licht, bleiben die Samen bis zu drei Jahre lang keimfähig.

IN DER KÜCHE

Wertvolle Blätter

Karottengrün ist reich an Vitaminen, Mineralstoffen (darunter Kalium) und Chlorophyll, dem natürlichen Farbstoff, der antioxidative, krebshemmende und schützende Eigenschaften hat. Die Blätter dieses Wurzelgemüses können unterschiedlich zubereitet werden, zum Beispiel können sie:

- *roh gemischten* **Salaten***, aber auch Omeletts, Minestrone und Risotto hinzugefügt werden;*
- *mit verschiedenen Obstsorten zu einem energiereichen* **Smoothie** *gemixt werden;*
- *als leckeres* **Pesto** *zu Pasta gegeben werden; dafür werden die Blätter mit Knoblauch, Walnüssen, Pinienkernen oder Mandeln, geriebenem Parmesan oder Pecorino-Käse, Öl, Salz und Pfeffer in einen Mixer gegeben.*

KAROTTE

SÜẞKARTOFFEL

Unter den vielen neuen, bis dahin in Europa unbekannten Lebensmitteln, die der Genueser Seefahrer Christoph Kolumbus aus Mittelamerika mitbrachte, war auch die Süßkartoffel oder Batate. Ihre großen fleischigen Knollen mit dem süßlichen Geschmack ähneln denen der Kartoffel. Aus botanischer Sicht haben die zwei Pflanzen jedoch nichts miteinander zu tun: Während die Kartoffel ein Nachschattengewächs ist, gehört die Süßkartoffel zu den Windengewächsen. Auch die Natur ihrer Knollen ist ganz unterschiedlich: Süßkartoffeln sind aus Rhizomen gebildete Knollen, während Kartoffeln unterirdische Speicherorgane sind, die aus der Umwandlung der Sprossachse hervorgegangen sind. Kennen Sie die Süßkartoffel schon lange und schätzen den süßen Geschmack, der ihrem Namen alle Ehre macht? Dann versuchen Sie es mit einem Experiment: dem Anbau zu Hause. Wenn Sie das Glück haben, einen Garten oder Gemüsegarten zu besitzen, können Sie eine respektable Ernte von Süßkartoffeln mit minimalem Aufwand erzielen. Wenn Sie dagegen in der Stadt wohnen, können Sie mühelos und ohne Kosten eine hübsche Zierpflanze ziehen. Beachten Sie jedoch in beiden Fällen, dass die Süßkartoffeln, die Sie auf dem Markt finden, fast immer mit Keimhemmern behandelt werden; für Ihr Experiment ist es daher ratsam, biologisch angebaute Knollen zu verwenden.

WAS MAN ERHALTEN WIRD: Pflanzen, die Knollen bilden können.

BENÖTIGTES MATERIAL: ein kleines Einmachglas oder ein großes Glas mit breiter Öffnung, Zahnstocher, eine Schere oder eine Gartenschere, eine Gießkanne.

Pflanze

Die Süßkartoffel *(Ipomoea batatas)* ist eine mehrjährige krautige Pflanze mit sehr ornamentalen herz- oder pfeilförmigen Blättern und rosa-violetten Trichterblüten. Die teils kriechenden teils kletternden Stängel können über 4 m lang werden.

Geschichte

Eingeführt nach Spanien im Jahre 1493 von Christoph Kolumbus, verbreitete sich die Süßkartoffel im Laufe des 16. Jahrhunderts in Europa. Erst seit dem Ende des 19. Jahrhunderts wurde sie hier angebaut.

Eigenschaften

Reich an Kohlehydraten und einfachen Zuckern, sind Süßkartoffeln viel kalorienreicher als Kartoffeln und werden daher für Diabetiker und Menschen mit Adipositas nicht empfohlen. Allerdings sind sie glutenfrei und können daher auch von Menschen konsumiert werden, die eine Glutenunverträglichkeit haben. Süßkartoffeln enthalten Kalium, Vitamin E und Vitamin A in höherer Konzentration und sind sehr reich an Ballaststoffen.

Besonderheiten

Es gibt viele Süßkartoffelsorten: mit rosa, rötlicher oder violetter Schale, mit gelbem, gelb-orangem oder lila Fruchtfleisch. Die verbreitetste Sorte ist diejenige mit heller Schale und orangem Fruchtfleisch.

SO WIRD'S GEMACHT

1 Legen Sie die Süßkartoffel so auf das Gefäß, dass die schmale Seite mit dem Wurzelansatz nach unten weist und der apikale Spross mit den Trieben nach oben. Nutzen Sie vier Zahnstocher, um die Knolle zu stützen. Füllen Sie so viel Wasser ein, bis ein Drittel der Knolle bedeckt ist. Stellen Sie das Gefäß an einen hellen Ort, aber nicht direkt in die Sonne.

2 Innerhalb von 30 Tagen wird die Süßkartoffel beginnen, sowohl Wurzeln als auch kleine Triebe zu bilden. Diese sollten Sie zunächst weiterwachsen lassen. Wechseln Sie das Wasser einmal pro Woche und achten Sie darauf, dass die Wurzeln nicht austrocknen.

3/4 Wenn die Triebe eine bestimmte Länge (mindestens 15-20 cm) erreicht und fünf bis sechs gut entwickelte Blätter haben, schneiden Sie sie ab. Stellen Sie sie in ein Glas mit Wasser und warten Sie ab, bis sie Wurzeln geschlagen haben.

NACH EINIGER ZEIT ...

Wenn Sie die Süßkartoffel im Garten einpflanzen möchten, müssen Sie nur die Stecklinge im späten Frühjahr in den zuvor gut bearbeiteten und belüfteten Boden setzen. Achten Sie darauf, dass die Luft- und Bodentemperatur mild genug ist. Die Stecklinge sollen einen Abstand von etwa 40-50 cm zueinander haben. Wässern Sie sie einmal pro Woche. Ab Mitte Oktober werden Sie die neuen Knollen ernten können: Jede Pflanze bildet drei bis acht Stück. Wenn Ihr Anbauexperiment mangels geeigneter Freiflächen bei Phase 4 beendet werden muss, nutzen Sie die dekorativen Möglichkeiten des großzügig treibenden Wurzelgeflechts. Lassen Sie die Stecklinge im Glas. Innerhalb von ein paar Monaten werden Sie eine Pflanze mit langen Stängeln voller Blätter erhalten, die Sie auf Spaliere oder andere Rankgerüste klettern lassen können. Am schönsten wirkt die Pflanze, wenn ihre Stängel nach unten hängen. Achten Sie darauf, dass immer ausreichend Wasser im Glas ist, damit die Wurzeln nicht austrocknen.

SÜßKARTOFFEL

RADIESCHEN

Radieschen gehören zu den Gemüsesorten, die zu Hause am häufigsten angebaut werden. Vielleicht liegt es daran, dass die Pflanzen so klein sind und man sie problemlos in Töpfen anbauen kann, wo sie schnell und zu allen Jahreszeiten wachsen. Möglicherweise ist der Grund auch, dass sie keine spezielle Zubereitung erfordern und schnell aufgetischt werden können. Die herkömmlichen Sorten haben kugelförmige Wurzeln von durchgehend kirschroter Farbe. Auf dem Markt sind auch zylindrische, mehr oder weniger länglich-ovale, rote mit weißer Spitze, gelbe (Zlata gelb) und ganz weiße (White Icicle) Sorten erhältlich. Noch vielfältiger ist die Auswahl in anderen Ländern, etwa in Japan, Indonesien oder China, wo es schwarze, lila oder grüne Sorten mit rosa Fruchtfleisch gibt, sowie karottenförmige und manchmal auch überdimensional große Sorten. Radieschen werden gerne wegen ihres besonders knackigen Fruchtfleisches und leicht würzigen Geschmacks gegessen. Die kleine Wurzel kann gemischte Salate abrunden, pur gegessen werden oder zusammen mit anderen rohen Gemüsesorten zum Beispiel in einen italienischen Pinzimonio-Dip eingetunkt werden, einer Emulsion aus Öl, Zitronensaft, Salz und Pfeffer. Dank der vielen Farben ihrer Schale werden Radieschen aber auch gerne benutzt, um kalte Speisen oder Fleisch- und Fischgerichte zu garnieren.

Wenn man Radieschen zubereitet, schneidet man wie bei anderen Gemüsesorten ein Stück des Strunks unter dem Blätterbüschel ab. Diese Reste landen dann in der Regel im Mülleimer. Tatsächlich jedoch sind die Blätter essbar und besonders schmackhaft: Sie haben einen ähnlich würzigen, etwas kräftigeren Geschmack wie die Wurzel und können wie die Blätter der Roten Bete zubereitet werden. Lassen Sie uns nun herausfinden, wie man viele Radieschenblätter in den eigenen vier Wänden nachwachsen lassen kann. Dafür müssen Sie einfach den kostbaren Blätterbüschel beiseitelegen, anstatt ihn wegzuwerfen.

WAS MAN ERHALTEN WIRD: Blätter.

BENÖTIGTES MATERIAL: ein scharfes Messer, ein oder mehrere mindestens 20 cm tiefe Gefäße, feinkrümelige und nährstoffreiche Universal-Pflanzenerde, Blähton, eine Gießkanne, ein Wassersprüher.

Pflanze

Das Radieschen *(Raphanus sativus var. sativus)* ist eine krautige, einjährige Pflanze, die Senföl enthält, wodurch sie ihr scharfes Aroma erhält.

Eigenschaft

Radieschen sind erfrischend, harntreibend und reinigend, sowie, da sie hauptsächlich aus Wasser bestehen, kalorienarm. Sie enthalten eine geringe Menge an B-Vitaminen, Vitamin C und Mineralstoffen. In der Antike wurde Radieschensaft als natürliches Heilmittel gegen Fieber benutzt.

Tondo rosso ist in der Varietät mit weißer Spitze eine frühe Sorte mit mildem Aroma.

Zlata gelb, ist eine frühe Sorte mit besonders knackigem Fruchtfleisch.

White Icicle schmeckt milder als die herkömmlichen Sorten.

SO WIRD'S GEMACHT

Bereiten Sie das Gefäß im Voraus mit einer Schicht Blähton vor und füllen Sie dann Erde bis wenige Zentimeter unterhalb des Gefäßrandes ein. Befeuchten Sie den Boden, ohne dass er zu nass wird.

1 Schneiden Sie mit dem Messer die Radieschen unter dem Blattansatz ab. Achten Sie darauf, dass der sehr empfindliche Trieb dabei nicht verletzt wird – er würde dann nicht mehr keimen.

2 Legen Sie die abgeschnittenen Teile im Abstand von etwa 2 cm auf die Erde und drücken Sie sie leicht ein, so dass sie etwas im Boden stecken – sie sollten zur Hälfte mit Erde bedeckt sein. Stellen Sie das Gefäß an einen hellen Ort, vermeiden Sie jedoch direkte Sonneneinstrahlung. Halten Sie den Boden immer feucht, aber nicht zu nass.

3 Nach etwa zehn Tagen werden die neuen Blätter sprießen, die Sie dann ernten können.

NACH EINIGER ZEIT ...

Nach wenigen Wochen werden die Triebe schwächer wachsen und keine Blätter mehr bilden. Bevor dies geschieht, können Sie ein paar von ihnen in ein größeres Gefäß pflanzen. Sie werden Keimlinge erhalten, die nach ihrem natürlichen Zyklus zur Blüte kommen (leider nicht in jedem Fall) und anschließend Früchten produzieren können. Die kleinen Früchte enthalten jeweils zwei Samen, die Sie sammeln können, um ein neues Anbauexperiment zu beginnen.

Blüten und Früchte

RADIESCHEN

TIPP

Die passende Nachbarschaft

Wenn Sie sich entschieden haben, Radieschen anzubauen, beachten Sie, dass sie aufgrund ihrer geringen Größe keine speziellen Flächen benötigen, sondern in die Blumenbeete oder einfach zusammen mit anderen Gemüsesorten in Gefäße auf dem Balkon eingepflanzt werden können. Wichtig ist, die richtigen Nachbarpflanzen zu wählen. Auch in der Pflanzenwelt gibt es Beziehungen, die besser funktionieren als andere, was an den biochemischen Wechselwirkungen zwischen den Wurzeln liegt. Radieschen sind neben Mangold, Karotten, Bohnen, Erdbeeren, Gartensalat, Erbsen, Tomaten, Petersilie, Stangensellerie und Spinat gut aufgehoben. Dagegen vertragen sie die Nähe von Gurken schlecht. Achtung: Die Nähe zum Kerbel intensiviert die Schärfe der Radieschen, Salate dagegen mildern sie.

SPROSSACHSEN

UND UMGEWANDELTE SPROSSACHSEN

Die Sprossachse einer Pflanze kann vielfältige Strukturen ausbilden und unterschiedliche Formen annehmen: Sie kann krautig oder holzig sein, einfach oder verzweigt, unter der Erde wachsen oder sich in ein Speicherorgan ähnlich einer Wurzel umbilden. Darüber hinaus bildet sie zum Beispiel Sprossknollen, Rhizome oder auch Ausläufer (Stolonen), behält dabei jedoch immer ihre Fähigkeit, nachzuwachsen.

KNOBLAUCH

Manche können nicht darauf verzichten, andere vermeiden ihn auf Grund der wohlbekannten Eigenschaft, dem Atem einen unangenehmen Geruch zu verleihen. Eins ist sicher: Das unverwechselbare Aroma von Knoblauch ist in den Küchen der ganzen Welt zu Hause. Denn Knoblauch ist allgegenwärtig – nicht nur als Gewürz, sondern auch als Zutat traditioneller Gerichte wie des italienischen Pesto Genovese, der spanischen Aioli-Sauce oder des griechischen Tsatsikis. Die drei heutzutage auf dem Markt erhältlichen Sorten lassen sich anhand ihrer Farben unterscheiden. Die Hüllblätter, die die Knoblauchzwiebel umgeben, sind weiß, rosa oder rotviolett (am bekanntesten ist *Rosso di Sulmona*).

Knoblauch lässt sich sehr einfach anbauen: Sie müssen nur die Zehen in der Zeit von Februar bis März einpflanzen und sich danach gedulden, bis ein Trieb sprießt, aus dem dann eine neue Pflanze wächst. Wenn Sie diesen Regrowing-Versuch umsetzen, beachten Sie, dass gekaufter Knoblauch höchstwahrscheinlich mit Keimhemmern behandelt wurde. Diese werden eingesetzt, damit die Knollen nicht treiben, während sie noch in der Gemüsetheke liegen. Verwenden Sie daher biologisch angebauten Knoblauch oder nutzen Sie eine in der Speisekammer oder im Kühlschrank vergessene Zehe, die schon gekeimt hat und eine grüne Triebspitze aufweist. Stellen Sie einige solcher Zehen beiseite und achten Sie darauf, dass sie weitertreiben. Egal ob Ihr Knoblauch im Freien, im Gemüsegarten oder auf dem Balkon nachwächst: Der Geschmack der gebildeten Blätter wird in milderer Form dem der Knoblauchzehe ähneln.

WAS MAN ERHALTEN WIRD: Blätter.

BENÖTIGTES MATERIAL: ein Gefäß mit 15–20 cm Durchmesser (oder mehr, abhängig von der Zahl der Zehen, die Sie anpflanzen wollen), nährstoffreiche, feinkrümelige Pflanzenerde, Blähton, ein Wassersprüher.

KNOBLAUCH

Rosa Knoblauch ist milder im Geschmack als weißer Knoblauch.

Pflanze

Der Knoblauch *(Allium sativum)* ist eine mehrjährige krautige Pflanze. Ihr essbarer Teil, die Zwiebel, ist aus sechs bis zwanzig Zehen zusammengesetzt und von einer papierartigen Hülle umgeben. Die Zehen stehen dicht nebeneinander auf einem runden, verdickten Boden, der ursprünglichen Sprossachse.

Unter den verbreitetsten Sorten ist der weiße **Arno-Knoblauch**, der ein intensives Aroma besitzt.

Eigenschaften

Die alten Ägypter kannten Knoblauch schon vor 4000 Jahren und nutzten ihn vor allem als Heilpflanze. Seine Eigenschaften werden noch heute geschätzt, besonders seine antibakterielle Wirkung, die durch Allicin hervorgerufen wird. Dieser Wirkstoff ist auch für den charakteristischen stechenden Geruch verantwortlich.

Roter Knoblauch ist besonders würzig-scharf.

SO WIRD'S GEMACHT

Bereiten Sie das Gefäß mit einer Schicht Blähton vor und füllen Sie Erde bis wenige Zentimeter unterhalb des Gefäßrandes ein. Wässern Sie diese mäßig mit dem Wassersprüher: Zu viel Feuchtigkeit führt zu Fäulnis und die Zehen würden verschimmeln.

1/2 Nehmen Sie die Zehen aus der Zwiebel, schälen Sie sie und legen Sie sie in eine etwa 4 cm tiefe Mulde in die Erde. Der Trieb sollte dabei nach oben gerichtet sein.

3 Stellen Sie das Gefäß an einen hellen und sonnigen Ort. Halten Sie die Erde immer leicht feucht, aber nicht zu nass.

4 Schon nach einer Woche sollten neue Blätter sprießen. Diese können Sie dann ernten, bis die Zehen nicht mehr weitertreiben.

GUT ZU WISSEN

Eine Knoblauchzehe am Tag ...

... vertreibt jeden Vampir. Diese Annahme tauchte mit der Figur des Vampirs – des unsterblichen Wesens, das sich von menschlichem Blut ernährt – zum ersten Mal in der kollektiven Vorstellungswelt auf. Zwischen dem 17. und 18. Jahrhundert zeigten sich in Europa die ersten Anzeichen eines Phänomens, das später zu einer regelrechten Massenhysterie werden sollte. Rosenkränze, Bibeln, Kreuze, Spiegel, Senfkörner, die auf den Dächern der Häuser verstreut wurden, waren die häufigsten „Anti-Vampir-Mittel". Eines aber übertraf alle: Knoblauch – und das ist kein Wunder. Da sie angeblich das Blut ihrer Opfer tranken, wurden Vampire als Parasiten im eigentlichen Wortsinn betrachtet – und welches Heilmittel wirkt besser antibakteriell als Knoblauch? Heute spielt die Vorstellung von Vampiren keine Rolle mehr, aber vor allem rohem Knoblauch werden immer noch heilende Eigenschaften bei Bluthochdruck, erhöhtem Cholesterin- und Triglyceridspiegel und bei der Entgiftung der Leber zugeschrieben.

KNOBLAUCH
1
2
3
4

ANANAS

Die Ananas gehört zu den beliebtesten exotischen Früchten. Sie ist mit ihrer Krone aus Blättern und der Schale, die wie eine Rüstung aussieht, wahrlich die „Königin der Obstschale". Und das nicht nur wegen ihres einzigartigen Aussehens, sondern auch wegen des weichen, saftigen süß-sauren Fruchtfleisches, das in starkem Kontrast zu ihrer schuppigen und spitzen Schale steht. Es ist kein Zufall, dass die Ananas bei ihrer Ankunft in Europa sofort zur Hauptdarstellerin der illustren Tafeln wurde. So ließ zum Beispiel der „Sonnenkönig" Ludwig XIV. die Pflanze in den Gärten von Versailles anbauen, während sich Friedrich II. damit rühmte, seinen Gästen täglich frische Ananas aus den Gewächshäusern der kaiserlichen Gärten anbieten zu können. In der Zwischenzeit wird die Pflanze nicht mehr im Gewächshaus angebaut, sondern direkt unter der Sonne der warmen Regionen Floridas, Hawaiis, auf den Bahamas und den Antillen. Aber auch heute noch wird Ananas in der Regel nicht täglich konsumiert, sondern eher zu besonderen Anlässen serviert.

In den letzten Jahren hat ihr Fruchtfleisch eine gewisse Aufmerksamkeit als Anti-Cellulite- und Schlankheitsmittel erlangt. Ananas enthält ein Enzym namens Bromelain, das verdauungsfördernd, aber vor allem entzündungshemmend ist und das bei Wassereinlagerungen im Gewebe und bei Entzündungen helfen kann.

Nur wenige wissen, dass Ananas auch als Zierpflanze Verwendung findet, vor allem die Sorte mit bunten Blättern. Sie darf sogar ins Freie gestellt werden, wenn das Klima es erlaubt - bedenken Sie dabei, dass es sich um eine Pflanze tropischen Ursprungs handelt.

Für Ihr Regrowing-Experiment aus den Resten dieser Pflanze erklären wir Ihnen im Folgenden, was Sie beachten müssen.

WAS MAN ERHALTEN WIRD: neue Pflanzen.

BENÖTIGTES MATERIAL: ein scharfes Messer, ein Glas oder ein Einmachglas mit kleiner Öffnung, ein Gefäß mit 15-20 cm Durchmesser, torfreiche Pflanzenerde, Flusssand, ein Wassersprüher.

ANANAS

Pflanze

Die Ananas *(Ananas comosus)* ist eine immergrüne krautige Pflanze mit ledrigen, stacheligen Blättern. Diese bilden eine Rosette, in deren Mitte sich der Blütenstand entwickelt. Aus dem Fruchtstand ragt ein Blattschopf.

Geschichte

Die Pflanze stammt aus den tropischen Regionen Amerikas, wo sie noch immer wild in der Natur wächst. Schon die präkolumbianischen Völker der Maya, Azteken und Inka kultivierten sie. Christoph Kolumbus entdeckte die Pflanze 1493 in Guadalupe.

Besonderheiten

Der Name „Ananas“ stammt vermutlich von der Bezeichnung „naña“ (Parfum), wie die südamerikanische Bevölkerung diese Frucht nannte.

SO WIRD'S GEMACHT

Bevor Sie beginnen, stellen Sie sicher, dass die Ananas reif genug ist und vor allem, dass die kleineren Blätter in der Mitte des Blattschopfs gesund und leuchtend grün sind: Genau an dieser Stelle wird sich die neue Pflanze entwickeln.

1/2 Halten Sie die Ananas fest an den Blättern und drehen Sie den Strunk heraus.

3 Ziehen Sie die unteren Blätter am Strunk vorsichtig ab, so dass ein 5–6 cm hohes Stück freigelegt wird.

4/5 Schneiden Sie die Basis des Strunks ab, um eine glatte und regelmäßige Oberfläche zu erhalten.

6 Stellen Sie den Blattschopf in einen mit etwas Wasser befüllten Glasbehälter (welchen Behälter Sie nehmen, hängt von der Größe des Strunks ab), so dass die Unterseite des Strunks ins Wasser reicht. Stellen Sie den Glasbehälter an einen warmen und hellen Ort, jedoch nicht direkt in die Sonne.

7 Nach etwa zwei Wochen werden Sie erste Wurzelansätze an der Basis des Strunks sehen. Es ist nun an der Zeit, ihn in die Erde zu setzen.

8 Füllen Sie das Gefäß mit einer etwa 2 cm hohen Schicht Blähton und fügen Sie dann das vorbereitete Substrat (90 Prozent Pflanzenerde und 10 Prozent Flusssand) hinzu. Setzen Sie den Strunk sanft in die Erde und achten Sie darauf, dass die sehr fragilen Wurzeln intakt bleiben. Feuchten Sie die Erde großzügig mit dem Wassersprüher an. Jetzt müssen Sie sich auf eine lange Wartezeit vorbereiten.

NACH EINIGER ZEIT ...

Es vergehen sieben bis acht Monate, bis neue Blätter in der Mitte des Blattschopfs erscheinen und es kann zwei Jahre dauern, bis Ihre Ananaspflanze blüht und Früchte bildet, die allerdings nicht besonders groß werden. Wenn Sie die Blüte beschleunigen möchten: Umwickeln Sie die Pflanze mit Frischhaltefolie und legen Sie ein paar Apfelhälften auf die Erde. Wie alle Früchte entwickeln Äpfel während der Reifung Ethen, ein Pflanzenhormon, das als Gas freigesetzt wird und Reifungsprozesse auslöst.

ANANAS
1
2
3
4
5
6
7
8

ZWIEBEL

Die Zwiebel ist wegen ihres charakteristischen, zugleich süßen und würzigen Geschmacks eine der wichtigsten Gemüsesorten in der Küche. Das war schon immer so: Sie ist nicht nur unverzichtbar zum Anbraten von Fleisch und Gemüse, sondern auch die Hauptzutat von Saucen, Suppen, Omeletts und herzhaften Kuchen. Roh verleiht sie Salaten eine würzige Note, während in süß-saurer Lake eingelegte Zwiebeln immer als köstliche Vorspeise oder Beilage serviert werden können. Obwohl die Zwiebel als typisch mediterranes Gemüse gilt, war sie ursprünglich in Westasien beheimatet. Schon die alten Ägypter schätzten sie so sehr, dass sie ihre Kugelform und die konzentrischen Ringe mit dem ewigen Leben verbanden und sie daher gottgleich verehrten. Nach Europa wurde sie von den Griechen gebracht, die, ebenso wie die Römer, große Mengen davon konsumierten. Apicius, der römische Feinschmecker, der im 1. Jahrhundert lebte, erwähnte dieses Gemüse häufig in seinem berühmten Kochbuch *De re coquinaria* (Über die Kochkunst).

Zwiebeln sind das ganze Jahr über erhältlich, da es viele verschiedene Sorten gibt. Sie unterscheiden sich in ihrer Form – flach, rund, länglich oder spindelförmig –, und im Aussehen ihrer dünnen, papierartigen Hülle, die von weißer, roter, gelber oder silberner Farbe sein kann. Hier fällt die Auswahl schwer. Rote Zwiebelsorten (wie die deutsche *Braunschweiger Dunkelblutrote* oder die in Italien bekannte *Rossa di Tropea*) sind zarter im Geschmack und werden vorzugsweise roh verzehrt. Die gelben Zwiebeln (etwa die Sorte *Stuttgarter Riese*) eignen sich stattdessen besser zum Kochen und Lagern und gehören zu den meistgenutzten Speisezwiebeln. Weiße Sorten dagegen, die vor allem in Südeuropa verwendet werden, haben in der Regel einen schärferen Geschmack und werden sowohl roh als auch gekocht verzehrt.

Auch die Zwiebel eignet sich hervorragend fürs Regrowing: Aus Resten lassen sich ohne großen Aufwand neue Pflanzen ziehen.

WAS MAN ERHALTEN WIRD: neue Pflanzen.

BENÖTIGTES MATERIAL: ein scharfes Messer, zwei mindestens 30 cm hohe Gefäße, Blähton, durchlässige, gut entwässernde Pflanzenerde (dafür können Sie eine Handvoll Flusssand zu herkömmlicher Universal-Pflanzenerde hinzufügen), ein Wassersprüher.

Besonderheiten

Zwiebelschale ist ein beliebtes Hausmittel, um Ostereier zu färben. Farbgebend wirken natürliche Inhaltsstoffe wie Quercetin (gelb) und Kampferöl (blau). Kochen Sie die Zwiebelschalen etwa 20 Minuten und geben Sie einen Esslöffel Essig ins Kochwasser. In diesem Farbbad kochen Sie die Eier 10 Minuten und lassen sie anschließend noch 30 Minuten bis mehrere Stunden abkühlen. Danach werden die Eier – entsprechend der genutzten Schalen – violette, gelbe oder rötliche Farbnuancen aufweisen.

Pflanze

Die Zwiebel *(Allium cepa)* ist eine zweijährige krautige Pflanze, die jedoch nur einjährig kultiviert wird, da ihr unterirdischer Spross am Ende des ersten Lebenszyklus' geerntet wird. Dieser vergrößerte Teil der Sprossachse wird, so wie die gesamte Pflanze, „Zwiebel" genannt und ist von einigen Schichten fleischiger Blätter (Speicherblätter) umhüllt.

Eigenschaften

Die Zwiebel wirkt leicht harntreibend und hat antibiotische und schleimlösende Wirkung. Zwiebelsirup mit etwas Honig unterstützt die Linderung von Atemwegskrankheiten.

SO WIRD'S GEMACHT

Bereiten Sie ein ausreichend großes Gefäß vor: Der Durchmesser hängt davon ab, wie viele Zwiebelreste Sie verwenden möchten, aber es muss mindestens 30 cm hoch sein. Legen Sie eine Schicht Blähton auf den Boden und füllen Sie Erde bis etwa 3 cm unterhalb des Gefäßrandes ein.

1 Schneiden Sie den unteren Bereich der Zwiebeln samt Wurzelansatz ab und lassen Sie sie für ein paar Stunden an der Luft trocknen.

2 Legen Sie die Zwiebelabschnitte mit dem Wurzelansatz nach unten in das Gefäß und bedecken Sie sie mit etwa 3 cm Erde. Halten Sie die Erde immer feucht, ohne sie aufzuschwemmen.

3/5 Nach etwa drei Wochen werden sich Zwiebelgrün und Wurzeln gebildet haben. Sie können die Keimlinge vorsichtig mit Hilfe eines Messers in kleinere Stücke aufteilen.

6 Setzen Sie die kleinen Pflanzen in einen größeren Topf mit einem Abstand von circa 15 cm zueinander. Schneiden Sie die Blätter regelmäßig, so dass die Keimlinge ihre ganze Energie für die unterirdischen Knollen aufwenden können. Es wird noch etwa fünf Monate dauern, bis Sie die neuen Zwiebeln ernten können. Bei früher Ernte können Sie die jungen und zarten Frühlingszwiebeln mit den Blättern genießen.

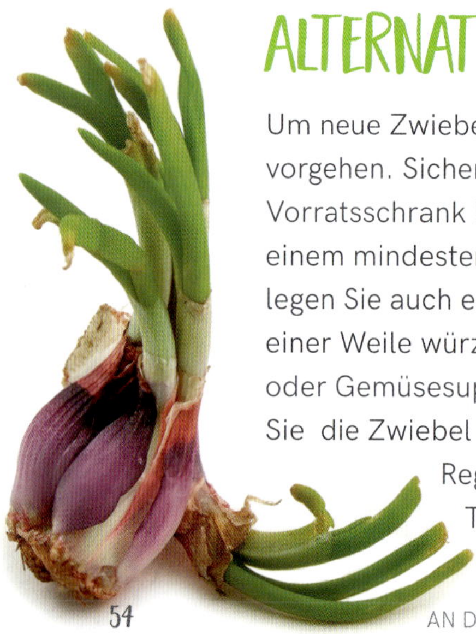

ALTERNATIV ...

Um neue Zwiebelpflanzen zu erhalten, können Sie auch auf andere Weise vorgehen. Sicherlich ist es Ihnen schon passiert, dass Zwiebeln bereits im Vorratsschrank keimen. Verwenden Sie diese, um sie auf der Terrasse in einem mindestens 30 cm tiefen Topf oder in einer Kiste anzubauen. Aber legen Sie auch ein paar gekeimte Zwiebeln beiseite: Daraus werden nach einer Weile würzige Blätter wachsen, mit denen Sie Ihre Salate, Omeletts oder Gemüsesuppen verfeinern können. So gehen Sie vor: Halbieren Sie die Zwiebel vorsichtig, sodass ihr Zentrum mit den Trieben (in der Regel gibt es mehr als einen) intakt bleibt. Ziehen Sie die Triebe mit dem Messer vorsichtig heraus und trennen Sie

sie. Achten Sie dabei darauf, die Wurzeln nicht zu beschädigen. Legen Sie nun die Keimlinge in ein Gefäß und bedecken Sie die Wurzeln so mit Erde, dass die Spitze des Triebs frei bleibt. Stellen Sie das Gefäß an einen hellen Ort und halten Sie die Erde immer leicht feucht. Nach kurzer Zeit werden die ersten Blätter sprießen: Lassen Sie sie ausreichend wachsen, bevor Sie sie ernten. Irgendwann wird die junge Pflanze ihre Energiereserven erschöpft haben und keine Blätter mehr bilden: Nehmen Sie sie aus der Erde und geben sie in den Kompost, falls Sie einen haben.

KURKUMA

Dieses Gewürz stammt aus Südostasien, wo sein unverwechselbares Aroma Souks und Basare bereichert. In Indien, Indonesien, Malaysia und anderen Regionen ist Kurkuma nicht nur ein unersetzliches Gewürz, das in zahlreichen traditionellen Gerichten verwendet wird: Das goldene, aus seinen Rhizomen extrahierte Pulver färbt auch die Tuniken buddhistischer Mönche, die Haare junger Bräute an ihrem Hochzeitstag und Gesicht und Körper der Teilnehmer vieler hinduistischer Rituale … Vor allem aber wird Kurkuma seit Jahrtausenden in der ayurvedischen und chinesischen Medizin wegen ihrer Heilkräfte verwendet, die nun auch im Westen erkannt und geschätzt werden. Seit langem wird Kurkuma als Farbstoff eingesetzt und verleiht Stoffen und Papier eine sonnengelb-orangene Farbe. In jüngerer Zeit hat sich Kurkuma aber auch zu einem der beliebtesten Lebensmittelfarbstoffe mit der Bezeichnung E 100 entwickelt und ist in Brühen, Likören, Senf, Käse und Joghurt enthalten.

In der Küche sind der Verwendung von Kurkuma keine Grenzen gesetzt: Das warme, scharfe Aroma, das ein wenig an Ingwer erinnert (beide Pflanzen gehören zur gleichen botanischen Familie der Ingwergewächse), passt zu Fleisch, Gemüse, Fisch, Reis und vielem mehr. Idealerweise verwendet man frische Rhizome, die aber nicht leicht zu erhalten sind. Gut sortierte Gemüsemärkte bieten Kurkuma immer häufiger an – und lassen sich das Gewürz gut bezahlen. Legen Sie daher einfach einige Rhizome beiseite und versuchen Sie, sie nachwachsen zu lassen.

WAS MAN ERHALTEN WIRD: neue Pflanzen und Rhizome.

BENÖTIGTES MATERIAL: ein scharfes Messer, ein oder mehrere Gefäße mit mindestens 20 cm Durchmesser, Blähton, ein durchlässiges, stark entwässerndes Substrat, ein Wassersprüher. Optional: Haushaltshandschuhe, damit Ihre Hände nicht orange werden, wenn Sie die Rhizome aufschneiden.

KURKUMA

Pflanze

Die Kurkuma *(Curcuma longa)* ist eine mehrjährige krautige Pflanze mit großen, ovalen Blättern, die 20–45 cm lang werden. Die auffälligen Blütenstände bestehen aus weißen Tragblättern mit violetten Nuancen, die die voluminösen gelben Blüten an der Basis umhüllen.

Eigenschaften

Der Pflanzenstoff Curcumin wirkt antioxidativ und entzündungshemmend. Er hilft bei Verdauungsproblemen, fördert die Leberfunktion und hat positive Auswirkungen in der Therapie von Hepatitis.

Besonderheiten

Wegen ihrer weißen, rosa, pinkfarbenen und gelben Blüten wird die Art *Curcuma alismatifolia*, auch als Siam-Tulpe oder Thai-Tulpe bekannt, als Zierpflanze kultiviert. Ihre Rhizome sind allerdings nicht essbar.

SO WIRD'S GEMACHT

Um Kurkuma anzubauen, benötigen Sie ein besonders durchlässiges, entwässerndes Substrat. Im angelsächsischen Sprachraum findet sich auf dem Markt der sogenannte soilless mix: Diese ist eine bakterien- und pilzfreie Mischung aus Moostorf, Perlit und Vermiculit, die das Risiko von Infektionen und Fäulnis verringert. Stattdessen können Sie Torf und eine Handvoll Perlit oder Flusssand vermischen. Nachdem Sie eine Schicht Blähton auf dem Boden Ihres Gefäßes ausgebracht haben, füllen Sie die Torfmischung bis wenige Zentimeter unterhalb des Gefäßrandes ein und befeuchten Sie sie gut mit dem Wassersprüher.

1 Schneiden Sie das Rhizom in 2–3 cm lange Stücke. Achten Sie dabei darauf, dass jedes Stück mit mindestens zwei Trieben (Augen) versehen ist. Lassen Sie sie für einen Tag trocknen: Je trockener die Schnittstelle ist, desto geringer ist das Risiko, dass die Stücke verfaulen.

2 Legen Sie die Rhizomstücke auf die Torfmischung mit einem Abstand von 8–10 cm zueinander. Die Triebe sollen dabei nach oben weisen. Bedecken Sie sie dann mit einer 2–3 cm dicken Schicht der Torfmischung und befeuchten Sie die Erde mit dem Wassersprüher.

3/4 Stellen Sie das Gefäß an einen hellen und sonnigen Ort – allerdings nicht nach draußen, wenn Sie im Winter pflanzen. Nach kurzer Zeit werden die ersten Keimlinge aus der Erde ragen.

NACH EINIGER ZEIT ...

5/6 Wenn die Keimlinge etwa 30 cm hoch sind, nehmen Sie sie vorsichtig heraus und überprüfen Sie, ob die Wurzeln gut entwickelt sind. Jetzt können Sie sie in einen größeren Topf oder direkt in

Blüten

den Garten umpflanzen.Beachten Sie: Kurkuma ist eine tropische Pflanze und braucht Wärme, um zu wachsen. Stellen Sie die Töpfe erst dann ins Freie, wenn die Temperatur 16–18 °C erreicht hat.

Wenn alles klappt, können Sie die ersten Rhizome nach acht bis neun Monaten ernten. Bis dahin werden Sie die herrlichen Blüten Ihrer Pflanzen genießen können – ein schöner Trost für den Fall, dass Sie keine oder nur eine geringe Ernte erzielen.

FENCHEL

Fenchel ist wegen seines Geschmacks, der ein wenig an Lakritz erinnert, und wegen des frischen, durststillenden Saftes des rohen Gemüses das Lieblingsgemüse vieler Erwachsener und Kinder. Er ist das ganze Jahr über erhältlich und kann schnell zubereitet werden – ein nicht zu unterschätzender Vorteil für alle, die wenig Zeit zum Kochen haben. Es reicht, ihn zu säubern, kleinzuschneiden und nach Geschmack mit Öl und Salz zu würzen, schon ist Fenchel als Beilage oder gesunder Snack fertig zubereitet.

Fenchel wird seit der Antike in der Küche und als Heilpflanze verwendet. Die Quellen beziehen sich dabei jedoch auf den Wildfenchel oder Gewürzfenchel *(Foeniculum vulgare)*, eine aromatische Pflanze, die noch heute im Mittelmeerraum verbreitet ist. Von dieser Sorte werden sowohl das Fenchelgrün verwendet (der Hauptbestandteil der bekannten sizilianischen Spezialität „Pasta con le sarde"), als auch die Früchte (häufig fälschlicherweise als Samen bezeichnet), die Liköre, Brote sowie süße und herzhafte Gebäcke würzen. Die ersten fleischigen, runden Knollen des Gemüsefenchels tauchten erst im 16. Jahrhundert auf. Seitdem stieg die Zahl der auf dem Markt erhältlichen Fenchelsorten dank Hybridisierung und Verbesserung der Anbautechniken immer weiter. Gleichzeitig wurde in immer mehr Studien auf seinen Ernährungswert und seine heilenden Eigenschaften hingewiesen.

Fenchel ist nicht nur schnell zubereitet, seine Reste sind auch eine wertvolle Ressource und eignen sich gut für den Regrowing-Anbau. Das gilt vor allem für den Boden der Knolle, der in der Regel – egal bei welcher Zubereitung – entsorgt wird. Gerade aus diesem Teil wächst schmackhaftes Fenchelgrün nach.

WAS MAN ERHALTEN WIRD: Blätter, eventuell auch Samen, die als Gewürz verwendet werden können.

BENÖTIGTES MATERIAL: ein scharfes Messer, eine Schale oder Tasse, nährstoffreiche, feinkrümelige Pflanzenerde, Blähton, ein mindestens 30 cm tiefes Gefäß.

Pflanze

Der Knollenfenchel *(Foeniculum vulgare var. azoricum)* ist eine zweijährige krautige Pflanze, deren essbarer Teil, die Knolle, aus vergrößerten, fleischigen Speicherblättern gebildet wird. Diese stehen dicht um einen kurzen Trieb, der erst dann sichtbar wird, wenn man das Gemüse aufschneidet.

Schmaler Fenchel

ist länglicher, faseriger und weniger süß. Er wird vor allem gekocht verzehrt.

Runder Fenchel

ist größer und fleischiger und kann gut roh verzehrt werden.

Eigenschaften

Dass Fenchel ein ausgezeichnetes Verdauungsmittel ist und die Bildung von Darmgasen verhindert, ist fast jedem bekannt – auch deswegen ist Fencheltee so beliebt. Weniger bekannt sind seine anderen Eigenschaften: Er stärkt die Abwehrkräfte, ist dank des Gehalts von Vitamin A gut für die Augen und wirkt lindernd gegen Anämie.

SO WIRD'S GEMACHT

1 Schneiden Sie mit dem Messer eine 5 cm dicke Scheibe vom Boden der Fenchelknolle ab.

2 Gießen Sie Wasser in eine Schale oder Tasse und legen Sie die Knollenscheibe mit der Schnittfläche nach oben hinein. Achten Sie darauf, dass der Boden nur wenige Zentimeter im Wasser steht.

3/4 Stellen Sie die Schale an einen sehr hellen Ort, jedoch nicht direkt in die Sonne, und wechseln Sie das Wasser jeden zweiten Tag. Innerhalb von 20 Tagen werden Sie die ersten Triebe sehen, während sich an der Unterseite Wurzeln bilden.

5 Die Triebe werden weiterwachsen, bis sich ein Blattbüschel – das Fenchelgrün – gebildet hat, dass Sie bald ernten können.

NACH EINIGER ZEIT ...

Anstatt die Knollenscheibe wegzuwerfen oder zu kompostieren, nachdem ihre Kraft erschöpft ist, können Sie sie aus der Schale nehmen und in ein tiefes Gefäß einsetzen, das Sie zuvor mit einer Schicht Blähton ausgelegt und dann mit Erde gefüllt haben. Das fiedrige und sattgrüne Blätterbüschel erfüllt durchaus dekorative Zwecke. Sie können den Fenchel

IN DER KÜCHE

Auf einen grünen Zweig kommen ...

Hier finden Sie einige Tipps, wie Sie das Fenchelgrün in der Küche verwenden können:

- **Risotto:** *Braten Sie Knoblauch mit Salbei an, geben Sie Reis dazu und bringen Sie alles zum Kochen, während Sie nach und nach Gemüsebrühe hinzufügen. Geben Sie das fein gehackte Fenchelgrün dazu, rühren Sie Butter und geriebenen Parmesan unter und lassen Sie alles vor dem Servieren kurz durchziehen.*
- **Pesto:** *Gehen Sie wie beim Pesto auf Seite 32 vor und ersetzen Sie Karrottengrün durch Fenchelgrün. Diese Sauce schmeckt nicht nur gut zu Pasta, sondern auch als Brotaufstrich.*
- **Cremesuppe:** *Geben Sie das gehackte Fenchelgrün von zwei Knollen, drei grob geschnittene Kartoffeln und eine gehackte halbe Zwiebel in einen Topf mit gesalzenem Wasser und lassen Sie das Gemüse 30–35 Minuten kochen. Anschließend pürieren Sie es, schmecken die Cremesuppe mit Salz und Pfeffer ab und geben vor dem Servieren einen Schuss Olivenöl hinzu.*

FENCHEL

auch ins Freie umpflanzen und ihn dort wachsen lassen, bis er seinen Lebenszyklus abgeschlossen hat.

Wenn die Bedingungen günstig sind, wird die Pflanze eine verzweigte, bis zu 1,5 m hohe Sprossachse entwickeln. An deren Spitze werden sich anmutige Dolden bilden, die aus winzigen gelben Blüten bestehen. Warten Sie, bis sich Samen bilden, lassen Sie sie reifen und an der Pflanze trocknen. Erst dann sollten Sie sie ernten: Sie sind zwar nicht so aromatisch wie die des Wildfenchels, eignen sich aber gut, um gebratenes Fleisch, Fischgerichte oder Brote und Saucen zu würzen.

STANGENSELLERIE

Sellerie hat, wie andere Gemüsesorten auch, ihre Karriere als Arzneipflanze begonnen. Als solche war sie bereits zu Homers Zeit bekannt. Schon lange ist sie in der Kräuterkunde von geringerer Bedeutung, in der Küche dagegen umso beliebter.

Die zahlreichen Sorten auf dem Markt unterscheiden sich in der Farbe der gerippten Blattstiele, die den essbaren Teil der Pflanze bilden. Die häufigsten angebotenen Varianten sind diejenigen mit grünen, in der Regel fleischigen Rippen mit intensivem Aroma, und die mit weißen, manchmal leicht gelbgoldenen Rippen (Bleichsellerie), die sehr fleischig und zugleich zart und knackig sind und einen milderen Geschmack haben. Während grüner Sellerie für die unterschiedlichsten Zubereitungen und zusammen mit Karotten und Zwiebeln als Basiszutat für Ragouts und Eintöpfe verwendet wird, eignet sich weißer Sellerie perfekt als Salatzutat oder als Snack.

Eine einzigartige Sorte ist die rote Stangensellerie mit ihren vollen Rippen, der leuchtenden Farbe und dem intensiven Geschmack, der leicht an Mandeln erinnert. Diese Sorte wurde Ende des 17. Jahrhunderts in die italienische Region Piemont eingeführt und wird dort noch heute kultiviert. Sie gehört zu den vom Aussterben bedrohten Pflanzen, die die Slow-Food-Bewegung zu schützen versucht.

Auch Sellerie gehört zu den Gemüsen, deren Reste wieder austreiben können. Allerdings eignen sich dafür nicht die einzelnen Stiele, sondern nur der Boden des gesamten Büschels.

WAS MAN ERHALTEN WIRD: neue Pflanzen.

BENÖTIGTES MATERIAL: ein scharfes Messer, eine Schale oder ein Glas, Blähton, feinkrümelige, nährstoffreiche Pflanzenerde, ein mindestens 20 cm tiefes Gefäß.

STANGENSELLERIE

Pflanze

Die Stangensellerie *(Apium graveolens var. dulce)* ist eine zweijährige krautige Pflanze. Die lang gestielten Blätter sind rauten- oder keilförmig und an den Rändern gezackt. Die doppeldoldigen Blütenstände dieser Pflanze haben weiße Blüten.

Besonderheiten

Sellerie galt schon immer als Aphrodisiakum, aber erst im 18. Jahrhundert kam sie in Frankreich als stimulierendes Mittel in Mode, das sogar von Madame de Pompadour empfohlen wurde.

Eigenschaften

Stangensellerie besteht zu 90 Prozent aus Wasser und ist daher kalorienarm. Sie wirkt verdauungsfördernd und ist ein ausgezeichnetes natürliches Diuretikum, das hilft, Bluthochdruck und Cholesterinspiegel unter Kontrolle zu halten.

SO WIRD'S GEMACHT

1 Schneiden Sie den Boden des Büschels so ab, dass Sie einen mindestens 5 cm dicken Abschnitt erhalten.

2 Legen Sie diesen Rest der Stangensellerie in die Schale, so dass die Schnittstelle nach oben zeigt. Gießen Sie so viel Wasser hinein, dass der Abschnitt 2–3 cm tief im Wasser steht, jedoch nicht vollständig bedeckt ist.

3 Stellen Sie die Schale an einen hellen Ort, aber nicht direkt in die Sonne: Je mehr Licht sie hat, desto stärker wird die Pflanze wachsen und desto grüner werden die neuen Stiele sein. Denken Sie daran, das Wasser alle zwei bis drei Tage zu wechseln.

4/5 Nach etwa einer Woche zeigen sich die ersten Triebe. Innerhalb von drei Wochen werden sie Blätter bilden, während die untere Seite des abgeschnittenen Selleriestücks Wurzeln schlagen wird.

NACH EINIGER ZEIT …

Sobald sich Wurzeln gebildet haben, können Sie den Stangensellerie in das Gefäß pflanzen. Um die Entwässerung zu fördern, ist es ratsam, der Erde eine Handvoll Perlit oder Flusssand beizumischen. Stellen Sie das Gefäß in eine helle und luftige, aber nicht übermäßig sonnige Balkonecke und halten Sie den Boden immer feucht, ohne ihn aufzuschwemmen - ansonsten werden die Wurzeln verfaulen. Um das Wasser besser ablaufen zu lassen, soll das Gefäß leicht erhöht stehen, etwa auf Steinen oder Ziegelsteinen. Ernten Sie die Selleriestangen nach Bedarf, immer beginnend mit den äußeren: Dafür schneiden Sie sie mit einem Messer an der Basis ab und lassen die inneren Stangen weiterwachsen.

STANGENSELLERIE

Wenn es kühler wird, können Sie das Gefäß in ein Mini-Gewächshaus stellen oder es komplett mit einem Vliestuch bedecken. Sobald die Pflanze ihren Lebenszyklus erschöpft hat, können Sie das Büschel an der Basis abscheiden und über Kopf in einem kühlen, trockenen Raum aufhängen. Einmal getrocknet ändert sich sein Geschmack und nimmt ein angenehmes Aroma an, das sich ideal zum Würzen von Fleisch- und Gemüsebrühen eignet.

INGWER

Ingwer ist im Kommen: Seit Jahren steigt die Importmenge stetig an und hat sich seit 2008 auf über 25.000 Tonnen mehr als vervierfacht. Tatsächlich gehört das Gewürz zu den gefragtesten Superfoods, das heißt, zu jenen Lebensmitteln, denen aufgrund ihrer Ernährungseigenschaften positive gesundheitliche Wirkungen zugeschrieben werden. Es gilt als sicher, dass Ingwer antioxidative und reinigende Eigenschaften hat und ein ausgezeichnetes Mittel gegen Übelkeit und Verdauungsbeschwerden ist. Aber vor allem wird Ingwer für sein unverwechselbares, frisches und zugleich scharfes Aroma geschätzt, das an Zitrone erinnert. Ingwer ist auf der ganzen Welt beliebt; er wird frisch, getrocknet, gemahlen, glasiert, eingelegt, in Zuckersirup und als Saft in alkoholischen und nicht-alkoholischen Getränken verwendet. In Japan zum Beispiel, ist marinierter oder eingelegter Ingwer (Gari) eine klassische Beilage zu Sushi und Sashimi. Ingwer ist zudem unverzichtbarer Bestandteil von Currys und gehört zu den Zutaten eines erfrischenden Getränks: Ginger-Ale ist im englischen Sprachraum sehr beliebt und in den Vereinigten Staaten sogar ein Klassiker.
Wenn Sie den Geschmack von Ingwer schätzen, können Sie die frischen Rhizome reiben, hacken oder in Stücke schneiden, um süße oder herzhafte Gerichte zu würzen. Und sie können ihn auch selbst anbauen, solange Sie Zeit und Geduld mitbringen.

WAS MAN ERHALTEN WIRD: neue Pflanzen und Rhizome.

BENÖTIGTES MATERIAL: ein scharfes Messer, ein Glas, ein mindestens 40 cm tiefes Gefäß mit 30 cm Durchmesser, sehr durchlässige Pflanzenerde (Sie können eventuell eine Handvoll Flusssand oder Perlit beimischen), Blähton, eine Gießkanne.

Geschichte

Ingwer ist schon seit der Antike bekannt, wie chinesische und indische Quellen belegen. So empfahl Konfuzius dieses Gewürz, weil es „den Geist reinigt und Verunreinigungen beseitigt." Auch Griechen und Römern kannten und importierten ihn aus Südostasien. Im Mittelalter gehörte Ingwer zu den beliebtesten und teuersten Gewürzen – seine Bedeutung wurde nur von der des Pfeffers übertroffen.

Pflanze

Der Ingwer *(Zingiber officinale)* ist eine mehrjährige krautige Pflanze, deren Rhizom konsumiert wird. Dieses ist die verzweigte, fleischige Sprossachse, die unterirdisch horizontal wächst. Aus dem Rhizom entstehen sowohl lange, aufrechte Stiele mit lanzettförmigen Blättern als auch kürzere Stiele, an denen sich gelbgrüne Blüten bilden.

SO WIRD'S GEMACHT

Wie bei den Süßkartoffeln ist es auch bei Ingwer ratsam, mit biologisch angebauten Rhizomen zu arbeiten, da diese nicht mit Keimhemmern behandelt werden. Die Knollen sollten Triebansätze („Augen") haben. Die beste Zeit für Ihr Regrowing-Experiment ist zwischen Frühling und Sommer, wenn die Temperaturen bei 15 bis 20 °C liegen.

1 Teilen Sie die Rhizome so, dass jedes Stück mindestens zwei Augen aufweist. Lassen Sie sie für ein paar Tage an einem kühlen, trockenen Ort ruhen. So minimieren Sie das Risiko, dass sich an den Schnittflächen Pilze und Bakterien bilden.

2 Füllen Sie die Erde nur bis zur Hälfte des Gefäßes ein und gießen Sie sie an: Die Erde muss feucht sein, aber nicht nass, sonst würden die Ingwerstücke verfaulen. Legen Sie die Ingwerstücke ungefähr 5 cm tief in die Erde, so dass die Spitzen der Triebe über der Oberfläche sind. In ein Gefäß mit 30 cm Durchmesser können Sie sechs bis acht Stücke Ingwer legen.

3/4 Stellen Sie das Gefäß an einen hellen Ort, so dass es der milderen Morgensonne ausgesetzt ist, um zu verhindern, dass die Triebe verbrennen. Halten Sie die Erde immer feucht, aber nicht zu nass. Während die Triebe in die Höhe wachsen, fügen Sie gelegentlich Erde hinzu, um den Stielansatz zu bedecken. Dadurch wird die Pflanze angeregt, neue Rhizome zu bilden, die sie nach etwa zehn Monaten, wenn Samen und Blätter vollständig trocken sind, ernten können.

IN DER KÜCHE

Ingwer zum Trinken

- **Entgiftungstee:** *Waschen Sie ein Stück Ingwer (etwa 5 cm) und schneiden Sie es in Scheiben. Geben Sie diese zusammen mit 4 Scheiben Limette und 2 Esslöffeln Honig in einen Krug und fügen Sie 3 Tassen kochendes Wasser und 3 Beutel eines beliebigen Kräutertees hinzu. Lassen Sie den Tee 7–8 Minuten ziehen. Er schmeckt sowohl heiß als auch kalt.*
- **Selbstgemachtes Ginger-Ale:** *Schälen Sie 500 g Ingwer, schneiden Sie ihn in Stücke und pürieren Sie ihn im Küchenmixer. Füllen Sie einen Topf mit 1 l Wasser, geben Sie den pürierten Ingwer und 300 g Zucker dazu und lassen Sie alles 15–20 Minuten kochen. Nach dem Abkühlen der Flüssigkeit filtern Sie sie mehrmals durch ein sehr engmaschiges Sieb. Servieren Sie das Ginger-Ale kalt in hohen Gläsern (60–70 ml) mit dem Saft einer Limette, einigen Eiswürfeln und aufgefüllt mit kaltem Mineralwasser.*

INGWER

BLATT FÜR BLATT

Blattgemüsesorten
wie Salat, Spinat und Mangold sind zart, erfrischend und schnell zubereitet. Sie lassen sich einfach anbauen und können ebenso leicht für das Regrowing zu Hause verwendet werden, da sie sehr ausdauernd neue Blätter bilden.

BASILIKUM

Die leuchtend grünen Blätter, das unverwechselbare Aroma, bei dem man sofort an den Sommer denkt: Basilikum ist sicherlich das bekannteste aromatische Kraut, das im gesamten Mittelmeerraum verwendet wird und auch in nördlicheren Breiten aus der Küche nicht mehr wegzudenken ist. Die zahlreichen Sorten unterscheiden sich in Form, Farbe und Größe der Blätter sowie in der Intensität des Aromas. Die kostbare *Genovese*-Sorte hat zum Beispiel mittelgroße, glänzende, flache oder löffelförmige Blätter, die dem berühmten Pesto ihr zartes Aroma verleihen. Die Sorte *Greco* sieht dagegen ganz anders aus: Sie wird nur maximal 30 cm groß (*Genovese*-Basilikum erreicht sogar 60–80 cm) und hat winzige, längliche Blätter mit einem sehr intensiven Aroma. *Greco* überzeugt zudem durch ihre schmückende charakteristische Kugelform, die den Anbau in Töpfen erleichtert. Weitere Sorten heißen *Großes Grünes*, *Mammouth* und *Opal*, eine rotblättrige Sorte.
Sicher ist Basilikum auch ein fester Bestandteil Ihrer Sommerküche, um Tomatensaucen, Gemüsesuppen, gemischte Salate oder Bruschetta zu verfeinern … Am besten verwenden Sie rohe Blätter oder Sie fügen sie warmen Gerichten erst kurz vor dem Servieren hinzu, damit sie ihr Aroma nicht verlieren.
Wenn ein paar Zweige übrigbleiben, können Sie sie nutzen, um neue Setzlinge zu erhalten: Das geht sowohl, indem Sie den Steckling ins Wasser stellen, als auch durch die Verwendung einzelner Blätter.

WAS MAN ERHALTEN WIRD: neue Keimlinge.

BENÖTIGTES MATERIAL: ein Glas, nährstoffreiche Universal-Pflanzenerde, eine Handvoll Perlit für die Drainage, einige kleine Töpfe (alternativ können Sie auch Plastikbecher mit durchlöchertem Boden nehmen) oder ein einzelnes Gefäß, ein Wassersprüher.

Pflanze

Das Basilikum *(Ocimum basilicum)* ist eine krautige Pflanze, die ihren Lebenszyklus in einer einzigen Saison vollendet. Je nach Sorte hat es hellgrüne, rötliche oder violette Blätter und kleine weiße oder rosa zweilippige Blüten.

Genovese

gilt mit seinem zarten Aroma als Königskraut der Küche.

Red Rubin

hat gezackte, violette Blätter. Es ist sehr dekorativ, sein Aroma ist allerdings nicht so ausgeprägt.

Eigenschaften

Basilikum regt den Appetit an und hat eine leicht verdauungsfördernde, beruhigende und desinfizierende Wirkung. Es enthält zudem östrogenähnliche Pflanzenhormone (Phytoöstrogene), die das Wohlbefinden in den Wechseljahren verbessern.

SO WIRD'S GEMACHT

1/3 Wählen Sie gesunde Blätter und nehmen Sie sie ab, indem Sie sie sanft nach unten ziehen. Achten Sie darauf, dass noch ein „Faden" der Sprossachse am Blattstiel vorhanden ist.

4 Füllen Sie 2–3 cm Wasser in ein Glas und geben Sie die Blätter bzw. Triebe hinein. Stellen Sie das Glas an einen hellen Ort und fügen Sie regelmäßig Wasser hinzu, damit der Stand immer gleichbleibt.

5/6 Innerhalb von zehn Tagen werden die Basilikumblätter winzige Wurzeln gebildet haben. Pflanzen Sie sie in kleine Töpfe um, in die Sie zuvor Erde und Perlit gegeben haben. Seien Sie vorsichtig im Umgang mit den Blättern, damit die Wurzeln intakt bleiben. Falls Sie lieber mit einem einzelnen Gefäß arbeiten möchten, können Sie drei bis vier Blätter darin einpflanzen.

7/8 Halten Sie den Boden mit einem Wassersprüher immer leicht feucht. Innerhalb weniger Tage werden Sie die ersten Keimlinge sehen, die aus dem kleinen Spross an der Basis der Blattstiele hervorgegangen sind. Wenn sie mindestens 10 cm hoch sind, können Sie sie ins Freie oder in eine große Kiste auf dem Balkon umpflanzen. Achten Sie darauf, dass sie ausreichend Licht haben, jedoch keine direkte Sonne.

IN DER KÜCHE

Erntefrisch

Fast alle aromatischen Kräuter eignen sich sehr gut zum Trocknen. Dies ist beim Basilikum jedoch nicht der Fall: Seine Blätter haben eine empfindliche Struktur und neigen dazu, im trockenen Zustand leicht Feuchtigkeit aufzunehmen und zu verschimmeln. Wenn Sie für den Winter etwas Basilikum aufbewahren möchten, ist Einfrieren eine gute Alternative. Reinigen Sie die Blätter mit einem trockenen Tuch, legen Sie sie in Gefrierbeutel und stellen Sie sie in die Tiefkühltruhe. Sie können sie auch hacken, mit etwas Salz und Öl mischen und die Masse in Eiswürfelformen verteilen. Sobald die Würfel gefroren sind, füllen Sie sie in einen einzelnen Behälter um und bewahren Sie sie bis zu der Verwendung weiterhin im Gefrierfach auf.

BASILIKUM
1
2
3
4
5
6
7
8

LAUCH

Lauch ist mit der Zwiebel verwandt (beide gehören zur Gattung *Allium*) und auch sein Geschmack ähnelt dem der Zwiebel, ist jedoch milder. Lauch, auch Porree genannt, ist das ganze Jahr über erhältlich, denn er kann sowohl im Winter als auch im Frühjahr und Sommer gesät werden. Lauch besitzt anstelle einer Zwiebel eine scheibenförmig gestauchte Sprossachse, aus der sich viele Wurzeln und zahlreiche enggerollte, ein bis fünf Zentimeter breite Laubblätter entwickeln. Seine fleischigen, grünweißen Stangen sind zu jeder Jahreszeit an den Gemüsetheken erhältlich. Die verschiedenen Sorten lassen sich anhand der Dicke und Länge der Lauchstangen unterscheiden: zu den Winter- und Herbstsorten zählen zum Beispiel der *Blaugrüne Winter* oder der französische *Furor*; zu Sommer- und Frühlingslauch gehören der lange *Frühe Riese* oder der schnellwachsende *Bavaria*.
Lauch ist eine der wenigen Gemüsesorten, deren Herkunft nicht genau bekannt ist. Sicher ist, dass die Ägypter ihn schon vor 4000 Jahren kannten und schätzten, und dass er von den Griechen nach Europa eingeführt und von den Römern bis in den Norden Europas verbreitet wurde. Nach Deutschland kam der Lauch erst im Mittelalter.
Lauch kann man aus Samen oder Keimlingen gut im Freien ziehen; aber auch im Haus ist der Anbau möglich - solange Sie sich mit einer Ernte begnügen, die auf einzelne Blätter beschränkt ist. Seien Sie also großzügig, sobald sie das nächste Mal einkaufen gehen, und kaufen Sie einige Lauchstangen für Ihr Regrowing-Experiment. Achten Sie jedoch darauf, dass die Lauchstangen gut bewurzelt sind: Wurden die Sprossachse und das Wurzelwerk abgeschnitten, so werden Ihre Stangen auch keinen Trieb mehr haben, aus dem sich neue Blätter bilden können. Das hier beschriebene Vorgehen können Sie auch für Frühlingszwiebeln anwenden.

WAS MAN ERHALTEN WIRD: Blätter und Samen.

BENÖTIGTES MATERIAL: ein scharfes Messer, eine Schale oder eine Tasse, Kieselsteine, ein Glas, ein oder mehrere Gefäße, feinkrümelige, nährstoffreiche Pflanzenerde, Blähton, eine Gießkanne.

Eigenschaften

Lauch enthält viel Wasser, ist leicht harntreibend und abführend. Er hat einen hohen Gehalt an Vitaminen und Mineralstoffen, darunter Calcium, Kalium, Eisen und Phosphor. Lauch verdankt seine Eigenschaft als natürliches Antibiotikum Allicin, auf das auch der typische Geruch zurückzuführen ist.

Pflanze

Der Lauch *(Allium porrum)* ist eine zweijährige krautige Pflanze mit scheibenförmig gestauchter Sprossachse, aus der die langen, eng um sie gehüllten Laubblätter hervorgehen. Der zarte, weiße untere Teil des Schaftes ist essbar.

Besonderheiten

Es waren vor allem die Römer, die die heilenden Eigenschaften des Lauchs priesen. Ärzte empfahlen damals diese Pflanze, um Hals- und Stimmbänder gesund zu halten. Angeblich schätzte ihn Kaiser Nero ebenfalls sehr, so dass man ihm den Spitznamen „Porrophagus“ gab – Lauchfresser.

SO WIRD'S GEMACHT

1 Mit dem Messer schneiden Sie den Lauch so ab, dass der bewurzelte Teil circa 5–7 cm lang ist.

2 Legen Sie einige Kieselsteine auf den Boden der Schale, dann füllen Sie so viel Wasser ein, dass die Steine etwa 1 cm unter Wasser liegen. Jetzt setzten Sie die Lauchstücke zwischen die Kieselsteine und achten darauf, dass immer ausreichend Wasser vorhanden ist.

3/4 Stellen Sie die Schale an einen hellen Ort, jedoch nicht direkt in die Sonne und wechseln Sie das Wasser jeden zweiten Tag, um die Bildung von schlechten Gerüchen zu vermeiden. Bald werden sich neue Wurzeln und Blätter bilden. Wenn die Blätter groß genug sind, können Sie sie ernten und damit Salate, Suppen und andere Gerichte verfeinern.

NACH EINIGER ZEIT ...

Anstatt die Keimlinge weiterhin im Wasser zu halten, können Sie sie in ein Gefäß umpflanzen. Geben Sie zunächst eine Schicht Blähton auf den Boden des Gefäßes, dann füllen Sie es mit Erde auf. Halten Sie diese immer feucht und stellen Sie das Gefäß ins Freie. Wenn die Licht- und Temperaturbedingungen günstig sind, wird der Lauch blühen. An der Spitze des Stiels wird sich eine Art Kapuze bilden, die sich öffnen und einen runden Blütenstand enthüllen wird. Dieser besteht aus winzigen, weißen oder rosa Blüten, die Samen bilden werden. Lassen Sie sie an der Pflanze trocknen, sammeln und lagern Sie sie, um sie später auszusäen.

Blütenstand

LAUCH

RADICCHIO

Die Welt der Salate ist sehr abwechslungsreich: Kopfsalat, Endivie, Rucola, Feldsalat, ganz zu schweigen von Chicorée … Apropos Chicorée: Dazu gehören alle Sorten einer Wildpflanze mit schönen himmelblauen Blüten, der Wegwarte oder Zichorie *(Cichorium intybus)*, die überall zu finden ist - auf Wiesen, am Wegesrand sowie auf bebauten und nicht-bebauten Feldern.

Zu den Salaten, die Teil der großen Familie der Wegwarte sind, gehört auch der Radicchio mit seinen vielen Sorten. Deren gemeinsames Merkmal ist der durch den Gehalt von Cichoriensäure hervorgerufene angenehm bittere Geschmack. Dieser typische Salat aus Italien wird vor allem in einem Gebiet im Norden kultiviert, das von der Lagune von Venedig bis zum Po-Delta reicht. Einige Radicchio-Sorten haben grüne oder weiße Blätter (eine der bekanntesten darunter ist die knackige und saftige *Pan di Zucchero*); bei anderen - das sind die beliebtesten - haben die Blätter eine leuchtende, mehr oder weniger dunkelrote Farbe, von der sich die weißen Rippen abheben. Diese Farbe ist allerdings nicht naturgegeben: Die Blätter, die zu Beginn grün sind, erhalten ihre rote Färbung durch das sogenannte Treiben oder Bleichen. Dazu werden die jungen Sämlinge ausgegraben und für eine bestimmte Zeit im Dunkeln gehalten.

In der italienischen Küche wird Radicchio sehr häufig gekocht verzehrt. Idealerweise sollte er aber roh in Salaten verwendet werden, damit seine Vitamine und Mineralstoffe erhalten bleiben. Der Boden des Büschels, der in der Regel weggeworfen wird, kann wiederverwendet werden, um neue Blätter nachwachsen zu lassen. Das gilt für alle anderen Salatsorten ebenso.

WAS MAN ERHALTEN WIRD: neue Blätter.

BENÖTIGTES MATERIAL: ein scharfes Messer, ein Glas oder eine Schale.

Geschichte

Die ursprünglich aus dem Orient stammende Pflanze wurde gegen Ende des 15. Jahrhunderts in die Republik Venedig eingeführt. Erst seit den 1990er-Jahren ist diese italienische Delikatesse in Deutschland erhältlich.

Radicchio rosso di Chioggia ist die meistverbreitete, kugelförmige Sorte mit einem stärkeren Aroma, die das ganze Jahr über erhältlich ist.

Radicchio rosso di Verona. Diese kompakte und längliche, typische Wintersorte ist besonders knackig.

Eigenschaften

Wie so viele bittere Lebensmittel hilft auch Radicchio, die Leber gesund und aktiv zu halten, da er die Produktion von Galle anregt. Dank des Gehalts an Anthocyanen, die für die rote Farbe zuständig sind, ist Radicchio ein ausgezeichnetes Antioxidans und wirkt der Zellalterung entgegen. Er ist reich an Ballaststoffen und eine gute Quelle für Kalium und Vitamin C.

SO WIRD'S GEMACHT

1 Schneiden Sie das Radicchio-Büschel an der Basis ab, so dass der Strunkteil mindestens 6-7 cm hoch ist: Wenn man ihn kürzer schneidet, besteht die Gefahr, den in der Mitte stehenden Trieb zu verletzen, aus dem sich die neuen Blätter bilden werden.

2/3 Entfernen Sie die äußeren Blätter, die Sie für einen Salat verwenden können.

4 Gießen Sie Wasser in das Glas und setzen Sie den Strunk des Radicchios hinein, so dass die Basis etwa 2-3 cm im Wasser steht. Stellen Sie das Glas an einen hellen Ort, aber nicht direkt in die Sonne: Je mehr Licht der Radicchio erhält, desto bunter und schmackhafter werden die Blätter. Denken Sie daran, das Wasser jeden zweiten Tag zu wechseln. Sobald die Blätter nachgewachsen sind, können Sie sie abschneiden - erwarten Sie aber keine große Ernte. Die Blätter werden nur klein und grün statt rot sein, eignen sich aber perfekt, um einen gemischten Salat oder ein Sandwich zu verfeinern.

Wenn Sie Zeit und Lust zum Experimentieren haben, pflanzen Sie den Radicchio in ein Gefäß oder direkt in die Erde im Garten, bevor die Neubildung der Blätter nachlässt. Bei richtiger Pflege und etwas Glück kann die Pflanze blühen und Samen produzieren. In diesem Fall ernten Sie die Samen, lagern sie bis zum Frühjahr und säen sie im Spätfrühling in etwa 1 cm Tiefe aus. Halten Sie den Boden feucht und warten Sie hoffnungsvoll!

RADICCHIO

JEDER SAMEN EINE ÜBERRASCHUNG

Die Aussaat ist die älteste und einfachste Kultivierungsmethode, aber in einigen Fällen auch die überraschendste. Nicht immer gehen aus den Samen Sämlinge mit den gleichen Eigenschaften der Mutterpflanze hervor. Ein Versuch ist es jedoch immer wert – und vielleicht funktioniert es sogar mit den Samen Ihrer Gemüsereste.

ERDBEERE

Die Erdbeere ist die Frühlingsfrucht schlechthin. Sie vereint alle Eigenschaften, die unsere Sinne angenehm stimulieren: Form, Farbe, das unverwechselbare Aroma, der frische und süß-saure Geschmack. Jeder mag sie und jeder kennt sie, aber nur wenige sind sich ihrer Geschichte bewusst. Zu Beginn der Kultivierung gab es nur die Wald-Erdbeere, die direkt aus dem Wald in den Garten gepflanzt wurde. Sie wurde als köstliche Delikatesse ebenso wie als Zierpflanze ihrer anmutigen Blüten wegen geschätzt. Erst Ende des 17. Jahrhunderts nahm ihr Anbau in Europa kommerzielle Dimensionen an, dem aber zwei neue, aus Produktionssicht interessantere Sorten bereits nach fünfzig Jahren Konkurrenz machten: Die eine Sorte, mit kleinen, aber sehr schmackhaften Früchten, stammte aus Nordamerika, die andere, mit viel größeren, aber eher faden Früchten, aus Chile. 1766 kreuzten sich die beiden Arten rein zufällig und gingen in einer Hybride namens *Fragaria x ananassa* auf, in der sich die Eigenschaften der beiden Mutterpflanzen verbanden: Das Ergebnis waren große, sehr schmackhafte Früchte. Von dieser zufällig entstandenen Erdbeere stammen die zahlreichen heute auf dem Markt erhältlichen Sorten ab, die sich in ihrer Form (konisch, kugel- oder herzförmig, oval oder länglich), Farbe - von dunkelrot über orange bis weiß - und Größe - von ein bis zehn Zentimeter Durchmesser - unterscheiden.

Der Anbau von Erdbeeren ist sowohl in Töpfen als auch im Boden sehr einfach, wenn man mit fertigen Sämlingen arbeitet. Er wird komplexer, wenn man von den Samen ausgeht, ist jedoch nicht unmöglich. Lassen Sie uns sehen, wie man dabei vorgehen kann.

WAS MAN ERHALTEN WIRD: neue Sämlinge.

BENÖTIGTES MATERIAL: ein scharfes Messer, eine Schale, ein Plastikbehälter mit Deckel (wie diejenigen, in denen Obst oder Gemüse verkauft werden), leicht saure Pflanzenerde, ein Wassersprüher, Plastik- oder Torfbecher.

ERDBEERE

Pflanze

Die Erdbeere *(Fragaria x ananassa)* ist eine mehrjährige krautige Pflanze, die Ausläufer bildet, also dünne kriechende Sprossachsen, an denen sich weitere, vollständig ausgebildete Pflanzen bilden.

Besonderheiten

Erdbeeren sind eigentlich Scheinfrüchte. Die echten Früchte sind die Achänen, die auf ihrer Oberfläche liegen und jeweils einen Samen enthalten.

Eigenschaften

Die Erdbeere hat antioxidative Eigenschaften und enthält Vitamin C in hoher Konzentration. Der Gehalt von Mineralstoffen, darunter Kalium, Calcium, Magnesium und Jod, ist ebenfalls hoch. Erdbeeren enthalten Salicylsäure und fördern die Ausscheidung von Harnsäure, daher sind sie bei Rheuma und Gelenkschmerzen wirksam.

SO WIRD'S GEMACHT

1 Zu Beginn wählen Sie die Früchte besonders achtsam aus: Sie müssen reif, gesund, ohne jegliches Anzeichen von Fäulnis und vorzugsweise aus biologischem Anbau sein.

2/3 Mit dem Messer kratzen Sie sanft die Oberfläche der Erdbeeren ab, bis Sie eine Art Püree erhalten, in dem die Samen deutlich sichtbar sind.

4 Sammeln Sie das Püree in der Schale, damit Sie bequemer arbeiten können. Anschließend füllen Sie Erde in die Plastikbehälter.

5 Nehmen Sie kleine Portionen des Erdbeerpürees mit der Spitze eines Teelöffels auf und verteilen Sie es auf der Erde.

6 Bedecken Sie die Samen, indem Sie die Erde mit dem Teelöffel vorsichtig darüber geben, und feuchten Sie sie gut mit dem Wassersprüher an. Lassen Sie den Behälter geschlossen, bis die ersten Sämlinge sprießen. Jetzt können Sie den Deckel wieder aufmachen.

7 Nach etwa drei Wochen werden die Sämlinge eine Höhe von circa 1 cm erreicht haben und Sie können sie eventuell mit Hilfe einer Pinzette in die Becher umpflanzen. Sobald sie ausreichend groß sind, können sie in größere Töpfe oder direkt in den Boden ins Freie gesetzt werden.

GEWUSST WIE

Die Erdbeere als Gartenschönheit

Die einfachen Blüten mit fünf Kelchblättern, die glänzenden und anmutig gezackten Blätter, die elegante Haltung: Dank dieser Merkmale eignet sich die Erdbeere auch gut als Zierpflanze. Wie es in barocken Gärten, vor allem in Frankreich, Mode war, können Erdbeeren entlang der Wege oder am Rand von Blumenbeeten als Einfassung gepflanzt werden. Um einen noch dekorativeren Effekt zu erzielen, können Sie die klassischen Sorten mit weißen Blüten mit jenen mit intensiv rosafarbenen oder roten Blüten abwechseln.

ERDBEERE
1
2
3
4
5
6
7

KIWI

Auch in Europa sind Pergolen und Spaliere, die von Kiwipflanzen *(Actinidia deliciosa)* berankt werden, kein seltener Anblick mehr. Die Kletterpflanze mit den gewundenen Ausläufern hat einen langen Weg hinter sich: Ursprünglich aus China, wo sie in den kaiserlichen Gärten angebaut wurde, kam sie zu Beginn des 20. Jahrhunderts nach Neuseeland. Die Pädagogin Mary Isabel Fraser, Schulleiterin einer renommierten Frauenschule, hatte 1904 eine Handvoll Samen der Pflanze von einer Reise durch Asien in das Land der Maori gebracht. Ausgehend von diesen ersten Samen begannen die Neuseeländer mit dem intensiven Anbau, der bald zum Erfolg führte. Allerdings mussten die ersten Kiwis, die klein und holzig waren, mit Stecklingen und durch Hybridisierungen veredelt werden, um sie in die saftigen Früchte zu verwandeln, die heute auf der ganzen Welt bekannt sind.

Vor allem ihr saftiges, smaragdgrünes Fruchtfleisch mit den auffälligen schwarzen Samen macht die wegen ihrer braunen, behaarten Schale wenig ansprechende Frucht attraktiv. Mit ihrem angenehm säuerlichen Aroma, das ein wenig an Zitronen und Johannisbeeren erinnert, ist die Kiwi eine wahre Gaumenfreude, die sie zum Star von Obstsalaten, Obstspießen und Eistorten macht. Kiwi wird sogar für Konfitüren und Konserven verwendet – allerdings ist es ratsam, die Früchte frisch zu verzehren, um in den Genuss des vollen Geschmacks und aller ernährungsphysiologischen Eigenschaften zu kommen.

Es ist nicht leicht, Kiwis aus Samen zu züchten: Man braucht Geduld – und der Erfolg ist nicht ganz sicher. Ein Versuch lohnt sich aber allemal. Bedenken Sie allerdings, dass man im November aussäen muss, um im Frühjahr Sämlinge zu bekommen.

WAS MAN ERHALTEN WIRD: Samen und neue Pflanzen.

BENÖTIGTES MATERIAL: ein Teelöffel, ein kleiner Teller oder eine Untertasse, ein engmaschiges Sieb, ein Glas, ein Baumwolltuch oder eine Stoffserviette, eine Auflaufform aus Glas, Frischhaltefolie, Zahnstocher, ein Wassersprüher, Joghurtbecher mit durchlöchertem Boden, Universal-Pflanzenerde.

Pflanze

Die Kiwi *(Actinidia deliciosa)* ist eine Kletterpflanze mit einer holzigen und kräftigen Sprossachse, die eine Höhe von 9 m erreichen kann. Die Pflanze hat herzförmige Blätter und weiße, duftende Blüten. Die eigentliche Kiwi-Frucht zählt zu den Beeren.

Besonderheiten

Die Früchte erhielten den Namen „Kiwi" erst in den 1950er-Jahren nach dem Vogel, der das Nationalsymbol Neuseelands ist. Der seltene und geschützte *Apteryx australis* ist ein einzigartiger Vogel mit einer ungewöhnlichen Biologie. Mit nur 4-5 cm Länge sind seine Flügel so kurz, dass der Kiwi nicht in der Lage ist, zu fliegen.

Eigenschaften

Eine Kiwi besteht zu 84 Prozent aus Wasser und ist daher kalorienarm. Als wahre Quelle an Vitamin C und Kalium eignet sie sich besonders gut für Sportler.

SO WIRD'S GEMACHT

1 Halbieren Sie eine sehr reife, weiche Kiwi längs und entnehmen Sie das Fruchtfleisch und die Samen mit einem Teelöffel aus der Schale.

2/3 Sammeln Sie das Fruchtfleisch auf einem kleinen Teller und lösen Sie die Samen mit den Fingern heraus. Geben Sie sie dann in das Sieb und spülen Sie sie unter fließendem Wasser ab.

4 Füllen Sie die Samen in ein Glas mit warmem, aber nicht kochendem Wasser und lassen Sie sie ein oder zwei Tage einweichen.

5/6 Legen Sie das feuchte Baumwolltuch in die Auflaufform (oder eine Plastikschale wie diejenigen, in denen Obst oder Gemüse verkauft werden) und verteilen Sie die Samen darauf. Bedecken Sie die Auflaufform mit Frischhaltefolie und durchbohren Sie sie zur Belüftung an mehreren Stellen mit einem Zahnstocher. Besprühen Sie die Samen regelmäßig. Innerhalb von zwei Wochen werden sie keimen.

7/8/9 Nehmen Sie die Sämlinge vorsichtig (eventuell mit einer Pinzette) heraus und setzen sie Sie jeweils einzeln in einen mit Erde gefüllten Joghurtbecher. Besprühen Sie die Erde großzügig, bedecken Sie den Becher mit einem Stück zuvor perforierter Frischhaltefolie. Stellen Sie die Becher an einen hellen, warmen Ort und befeuchten Sie die Erde regelmäßig mit dem Wassersprüher.

NACH EINIGER ZEIT ...

Wenn die Sämlinge mindestens 1 cm hoch sind, entfernen Sie die Frischhaltefolie. Sobald sie jeweils sechs bis sieben Blätter haben, pflanzen Sie sie im Frühjahr in größere Gefäße um. Erst nach zwei Jahren dürfen Sie sie im Freien direkt in die Erde einsetzen. Ob die jeweilige Kiwipflanze männlich oder weiblich ist, lässt sich erst anhand der Blüte feststellen. Die weiblichen Blüten sind weiß, die männlichen kleiner, cremeweiß und haben einen auffälligen Büschel Staubblätter in der Mitte.

Weibliche Blüte

Männliche Blüte

KIWI
1
2
3
4
5
6
7
8
9

APFEL

„Ein Apfel am Morgen vertreibt Kummer und Sorgen", lautet ein altes Sprichwort. Der Ruhm dieser Obstsorte scheint keine Grenzen zu kennen, was ihre positiven Auswirkungen auf die Gesundheit betrifft. Über ihre Heilwirkung hinaus sind Äpfel die beliebtesten Früchte. Sie werden je nach Sorte in all ihrer mehr oder weniger saftigen Süße frisch verzehrt oder für köstlichen Kuchen verwendet. Apropos: Derzeit sind etwa 7.500 verschiedene Sorten bekannt. Woher stammt diese Fülle? Nicht vom europäischen Holzapfel, der häufig die Größe eines Strauchs nicht übertrifft und am Waldrand oder in Hecken wächst. Seine kleinen Früchte sind grün, säuerlich und hart. Der wahre Vorläufer aller heimischen Apfelbäume ist eine asiatische Sorte, *Malus sieversii*, die in Kasachstan beheimatet ist. Ihre roten und gelben Früchte sind im Gegensatz zum europäischen Holzapfel groß, saftig und süß. Das genetische Material dieses kostbaren Baums ist Basis vieler Hybridisierungen, die auf der ganzen Welt, aber insbesondere in den Vereinigten Staaten mit lokalen Arten erzeugt wurden. So ist ein reiches Repertoire an Früchten entstanden, die nicht nur in den kälteren Monaten erhältlich sind, obwohl vor allem der Winter die Jahreszeit des Apfels ist.

Nun haben wir einen Vorschlag für Sie: Wenn Sie das nächste Mal einen Apfel essen, werfen Sie das Kerngehäuse nicht weg, sondern entnehmen Sie die Samen und starten Sie einen Regrowing-Versuch. Seien Sie jedoch nicht überrascht, wenn der Sämling, der aus einem dieser Samen hervorgehen wird, Früchte trägt, die ganz anders sind als die, die Sie ursprünglich gekauft haben. Das liegt daran, dass die Äpfel auf dem Markt von gepfropften Bäumen stammen.

WAS MAN ERHALTEN WIRD: Samen und neue Pflanzen.

BENÖTIGTES MATERIAL: ein scharfes Messer, ein engmaschiges Sieb, eine Schale, eine Plastikschale mit Deckel (wie diejenigen, in denen Obst oder Gemüse verkauft werden), ein Baumwolltuch oder eine Stoffserviette, ein Wassersprüher, feinkrümelige, nährstoffreiche Pflanzenerde, eine Pinzette, ein breites, mindestens 25 cm tiefes Gefäß.

Golden Delicious
ist eine der beliebtesten Sorten, die durch die goldgelbe Farbe der Schale und das feste, leicht mehlige, süße und aromatische Fruchtfleisch unverkennbar ist.

Fujii hat eine leicht gesprenkelte rote Schale, die mit Punkten, hellen Streifen und manchmal gelben Schattierungen versehen ist. Sein Fruchtfleisch ist sehr süß, knackig und saftig.

Granny Smith diese Wintersorte, die bei geschickter Lagerung bis in den Frühsommer hinein verzehrt werden kann, ist an der hellgrünen Schale erkennbar; sie hat ein frisches, saftiges Fruchtfleisch, das knackig und säuerlich ist.

Eigenschaften

Dem Apfel werden ausgezeichnete antioxidative, remineralisierende und reinigende Eigenschaften zugeschrieben, darüber hinaus scheinen diese erfrischenden Früchte auch stimulierend zu sein, vor allem auf dem Sportplatz: Dank des hohen Nitratgehalts sollen sie die Muskelleistung auf ganz natürliche Weise verbessern.

SO WIRD'S GEMACHT

1/2 Da nicht jeder Samen keimen wird, nehmen Sie so viele wie möglich aus dem Kerngehäuse. Geben Sie sie in das Sieb und spülen Sie sie unter fließendem Wasser ab.

3 Legen Sie die Plastikschale mit dem Baumwolltuch aus. Befeuchten Sie das Tuch gut mit dem Wassersprüher und verteilen Sie die Samen darauf. Schließen Sie die Schale und besprühen Sie von nun an die Samen täglich. Achten Sie allerdings darauf, dass sich keine Staunässe bildet: Übermäßige Feuchtigkeit könnte Schimmelbildung verursachen.

4/5 Innerhalb von etwa acht Wochen beginnen die Samen zu keimen.

6 Wenn die Triebe ein paar Zentimeter hoch sind, sind sie bereit, gepflanzt zu werden. Nehmen Sie sie mit Hilfe der Pinzette heraus.

7/8 Füllen Sie die Erde in das Gefäß (oder mehrere Gefäße, wenn Sie viele Sämlinge haben) und drücken Sie mit einem Finger ein etwa 2 cm tiefes Loch in die Erde. Nun können Sie die Triebe mit der Wurzel nach unten einsetzen.

9 Fügen Sie mehr Erde hinzu und drücken Sie sie vorsichtig an, aber so, dass die Wurzeln der Sämlinge intakt bleiben. Befeuchten Sie alles ausreichend mit dem Wassersprüher und achten Sie darauf, dass die Erde überall gleichmäßig feucht ist. Stellen Sie das Gefäß an einen hellen Ort, jedoch nicht direkt in die Sonne. Sobald die Sämlinge ausreichend entwickelt und mindestens 20 cm hoch sind, können Sie sie nach draußen an einen sonnigen, jedoch vor Luftzug geschützten Platz stellen. Wenn alles klappt und die neuen Pflanzen 30–60 cm hoch sind, können Sie sie im Freien in sonniger Lage pflanzen.

APFEL
1
2
3
4
5
6
7
8
9

ZUCKERMELONE

Die Zuckermelone ist reich an Nährstoffen, dabei aber kalorienarm, ein wenig süß, frisch und durstlöschend: All das macht sie zu einer der beliebtesten Früchte im Sommer. Mit ihrem vollen und besonderen Aroma, das sehr wenig kulinarische Ergänzung benötigt, ist diese Obstsorte so schmackhaft, dass sie als Dessert oder als Snack zwischendurch verzehrt werden kann. Darüber hinaus lässt sie sich köstlich kombinieren – wie etwa mit Rohschinken in der typischen italienischen Vorspeise „Prosciutto e melone", in Obstsalaten oder auch in fantasievollen süß-sauren Salaten.

Die zahlreichen Sorten, die heute auf dem Markt erhältlich sind, unterscheiden sich in der Form – vollständig kugelig, aber auch abgeflacht, oval oder länglich – und in der Beschaffenheit der mehr oder weniger dicken Schale, die glatt, netzartig, warzig, gerieft und mit oder ohne Rippen sein kann. Auch die Farbe kann stark variieren: von grün-grau bis dunkelgrün, von cremegelb bis hellgelb, mit mehr oder weniger dunklen Flecken oder Streifen im Vergleich zur Hauptfarbe. Das Fruchtfleisch ist weiß bis grünlich gefärbt, kann jedoch auch rosa bis orange oder lachsfarben sein.

Es ist ohne weiteres möglich, Melonen im eigenen Garten anzubauen. Steht Ihnen keine große Fläche zur Verfügung, können Sie sich sogar für den „vertikalen" Anbau entscheiden. Die langen Sprossachsen der Melone können nicht nur auf dem Boden kriechen, wo sie viel Platz einnehmen, sondern auch klettern. Die Ranken winden sich an Spalieren jeder Art empor, auch ein einfaches, von stabilen Stangen gestütztes Kunststoffgitter, oder verzinktes Eisengitter eignet sich dafür. Möchten Sie sich an diesem Regrowing-Unternehmen versuchen? Statt die Samen zu kaufen, können Sie sie selbst gewinnen.

WAS MAN ERHALTEN WIRD: Samen.

BENÖTIGTES MATERIAL: ein scharfes Messer, ein Esslöffel, ein Glas, ein engmaschiges Sieb, ein Baumwolltuch oder Küchenpapier, kleine Papiertüten oder Stoffbeutel (Kunststofftüten eignen sich nicht).

ZUCKERMELONE

Geschichte

Die Melone, die vermutlich ursprünglich in Afrika oder Kleinasien beheimatet war, wurde um das 5. Jahrhundert v. Chr. von den Ägyptern im Zuge ihrer Handelsgeschäfte ins Mittelmeer eingeführt.

Pflanze

Die Melone *(Cucumis melo)* ist eine einjährige krautige Pflanze, die kriechende oder kletternde Triebe bildet. Ihre breiten Blätter sind von weichen Haaren bedeckt, ebenso die Sprossachsen. Die fünfblättrigen Blüten sind gelb.

Eigenschaften

Melone ist reich an Carotinoiden, Pflanzenpigmenten mit antioxidativen Eigenschaften, die unter anderem die Haut vor Schäden durch Sonneneinstrahlung schützen. Vitamin C ist höher konzentriert als in Äpfeln, Trauben, Aprikosen und Bananen. Ebenfalls hoch ist der Gehalt an Vitamin B6 und Mineralstoffen (Calcium, Phosphor, Magnesium, Kalium).

SO WIRD'S GEMACHT

1 Halbieren Sie eine reife, äußerlich noch feste Melone, deren Schale keine Dellen oder Flecken aufweist. Nehmen Sie die Samen mit dem Löffel heraus.

2/3 Geben Sie die Samen in ein Glas, fügen Sie ein wenig Wasser hinzu und lassen Sie sie ein paar Tage unter mehrmals täglichem Rühren einweichen. Auf diese Weise lassen sich die Fruchtfleischreste von der Oberfläche einfach entfernen.

4 Geben Sie die Samen mit Hilfe des Löffels in das Sieb und spülen Sie sie unter fließendem Wasser ab, bis sie vollkommen sauber sind.

5 Verteilen Sie die Samen einzeln auf dem Baumwolltuch oder auf einem Stück Küchenpapier. Um das Trocknen zu beschleunigen, legen Sie sie für ein paar Tage in die Sonne. Die Samen müssen sich danach fest und leicht anfühlen.

IN DER KÜCHE

Popcorn der besonderen Art

Melonensamen sind reich an Proteinen, Ballaststoffen, Magnesium, Phosphor, Kalium und Vitamin E: Warum also sollte man sie wegwerfen? Sie können nicht nur für die Aussaat getrocknet und aufbewahrt werden, sondern eignen sich auch als leckere Snacks. Die Vorgehensweise ist einfach: Erhitzen Sie eine beschichtete Pfanne, geben Sie die Samen hinein und rösten Sie sie ein paar Minuten, bis sie etwas dunkel sind. Lassen Sie sie vor dem Servieren abkühlen.

ZUCKERMELONE

6 Entfernen Sie die Samen, die zu klein, krumm, leer oder verfärbt sind und füllen Sie den Rest in die Papiertüten oder Stoffbeutel. Beschriften Sie die Beutel mit dem Sortennamen und Datum. Bewahren Sie die verschiedenen Beutel in einem Glas mit luftdichtem Deckel auf und lagern Sie es an einem kühlen, trockenen, lichtgeschützten Ort. So bleiben die Samen bis zu fünf Jahren keimfähig.

PAPRIKA

Paprika und Chili sind Gemüse-Geschwister, denn sie gehören nicht nur zur gleichen Familie der Nachtschattengewächse, sondern auch zur gleichen Art: *Capsicum annuum*. Paprika sind süß und groß, Chilis zeichnen sich dagegen durch ihre Schärfe aus. Beide weisen ähnliche Farben auf, von weiß über gelb bis rot und violett. Typisch für die noch unreifen Früchte ist die grüne Färbung. Während Chilischoten in der Küche ausschließlich in geringer Menge genutzt werden, um Gerichten eine zusätzliche, scharfe Note zu verleihen, sind Paprika Bestandteil vieler traditioneller Gerichte und unterschiedlicher Zubereitungen: als Basis für ungarisches Gulasch, gegrillt, mit Reis oder Brot gefüllt oder einfach roh.

Die vielen Sorten unterscheiden sich in Form und Farbe nach der Reifung. Am verbreitesten sind die Blockpaprika-Sorten, wie etwa der gelbe oder rote *Quadrato d'Asti,* und die länglichen Horn- und Spitzpaprika-Sorten, etwa der *Rote Augsburger*, die am Ende spitz zulaufen und eine Länge von über 20 Zentimeter erreichen können.

Paprika und Chilischoten sind leicht zu züchten, die Pflanzen sind eher klein, großzügig im Ertrag und sehen zudem gut aus: Sie haben also alle Eigenschaften, um auch auf dem Balkon oder auf der Terrasse einen Platz zu finden. Nun schauen wir uns an, wie es geht – angefangen von der Samenernte bis zum Pflanzen.

WAS MAN ERHALTEN WIRD: Samen und Sämlinge.

BENÖTIGTES MATERIAL: ein scharfes Messer, ein Esslöffel, ein engmaschiges Sieb, ein Baumwolltuch oder Küchenpapier, kleine Papiertüten oder Stoffbeutel (nicht aus Kunststoff), Torfbecher, leicht saure Pflanzenerde, ein Wassersprüher.

Geschichte

Wie Tomaten und Bohnen wurden auch Paprika nach Christoph Kolumbus' Entdeckung aus Amerika eingeführt. Durch ihre Handelsgeschäfte verbreiteten Spanier und Portugiesen die farbigen Früchte im gesamten Mittelmeerraum.

Pflanze

Die Paprika *(Capsicum annuum)* ist ein kleiner, aufrechter Strauch mit dunkelgrünen, länglich-ovalen Blättern und einfachen, weißen Blüten. Form, Größe, Farbe und Aroma ihrer Früchte variieren je nach Sorte.

Eigenschaften

Paprika und Chilischoten enthalten Capsaicin, ein Naturstoff, der für ihre Schärfe verantwortlich ist. Neben schmerzstillenden und entzündungshemmenden Eigenschaften soll Capsaicin einigen Studien zufolge helfen, den Cholesterinspiegel des Blutes zu senken.

Blockpaprika sind am weitesten verbreitet und haben ein eher mildes Aroma.

Roter Ausburger ist eine robuste Sorte, die auch im Freilandanbau gute Erträge bringt.

SO WIRD'S GEMACHT

1 Benutzen Sie nur rote und gelbe, gut gereifte Früchte und keine grünen Paprika für Ihre Regrowing-Experimente, denn die unreifen Samen der grünen Paprika würden nicht keimen. Halbieren Sie die Paprika, sammeln Sie die Samen mit Hilfe eines Löffels und spülen Sie sie im Sieb unter fließendem Wasser ab.

2 Verteilen Sie die Samen auf ein Baumwolltuch oder Küchenpapier und lassen Sie sie ein paar Tage in der Sonne trocknen.

3 Wenn sie trocken sind, bewahren Sie die Samen in einer Papiertüte oder in einem Stoffbeutel auf und lagern Sie sie über den Winter an einem kühlen, dunklen Ort.

NACH EINIGER ZEIT ...

4 Bereiten Sie die Torfbecher mit der Erde vor, setzen Sie jeweils zwei oder drei Samen in etwa 2 cm Tiefe ein und bedecken Sie sie mit wenig Erde. Befeuchten Sie sie mit dem Wassersprüher und stellen Sie die Torfbecher an einen warmen, hellen Ort.

5 Nach zwei bis drei Wochen werden die Samen keimen. Pflanzen Sie die Sämlinge zwischen Ende April und Anfang Mai ins Freie um, wenn keine Gefahr von Nachtfrost mehr besteht. Falls Sie sie in Töpfen auf dem Balkon wachsen lassen wollen, benutzen Sie Gefäße mit 30 cm Durchmesser und Tiefe.

GEWUSST WIE

Wie scharf ist Ihre Chili?

Eine der besonders geschätzten Eigenschaften von Paprika, aber vor allem von Chilischoten, ist ihre Schärfe. Sie wird durch eine bestimmte Substanz, Capsaicin, verursacht, die die Thermorezeptoren auf der Zunge stimuliert und das brennende Gefühl hervorruft. 1912 entwickelte der amerikanische Chemiker Wilbur Lincoln Scoville ein Test zur Messung der Schärfe von Chilischoten, die den Gehalt von Capsaicin berücksichtigt. Die daraus resultierende Skala ist noch in Gebrauch und wird in sogenannten SHU-Einheiten ausgedrückt. Reines Capsaicin hat einen SHU-Wert von 16.000.000, der Schärfe-Rekord liegt derzeit mit 2.200.000 SHU bei der Sorte **Carolina Reaper**.

PAPRIKA

TOMATE

Kann man sich eine Welt ohne Tomaten vorstellen? Ohne Tomatensauce, Caprese-Salat oder Bolognese-Sauce? Kaum zu glauben, dass sich dieses wichtige Gemüse, das für immer die Düfte und Aromen der Küchen auf der ganzen Welt verändert hat, in Europa nur mit Mühe etablieren konnte. Vielleicht, weil die ersten Früchte, die um 1540 aus Amerika kamen, klein, gelb-grünlich und wenig vielversprechend waren. Tomaten wurden zunächst für Zierzwecke verwendet, um Fenster, Innenhöfe und Gärten zu schmücken.

Es ist nicht bekannt, wie und wo die geheimnisvollen Früchte dieser exotischen Pflanze zuerst auf den Tisch eines tapferen (oder einfach hungrigen) Bauern gelangten. Eins ist jedoch sicher: Das Misstrauen gegenüber Tomaten wurde zuerst in Italien überwunden. In der Tat findet sich der älteste Nachweis für ihre Verwendung in der Küche in einer italienischen Quelle von 1694 namens *Lo scalco alla moderna* (Der moderne Butler) von Antonio Latini.

Eine schleppende Karriere, die aber von großem Erfolg gekrönt wurde, wenn man bedenkt, dass es heute mit etwa 75.000 Sorten Tomaten für jeden Geschmack gibt. Sie reichen von der fleischigen *Cœur de Bœuf* (Ochsenherztomate), die perfekt in Salaten verwendet werden kann, über die saftige *San Marzano*, die sich ideal für Saucen und Konserven eignet, bis zu Rispentomaten, Kirschtomaten, Fleischtomaten und vielen weiteren.

Wer Tomaten anbaut, startet in der Regel mit fertigen Sämlingen: Eine Lösung, die zwar größere Erfolgschancen garantiert, aber nicht zu unserem Motto „Nichts wird weggeworfen" passt. Wir zeigen Ihnen daher, wie man Tomaten aus den Samen ziehen kann, die normalerweise weggeworfen werden.

WAS MAN ERHALTEN WIRD: Samen und Sämlinge.

BENÖTIGTES MATERIAL: ein scharfes Messer, ein Einmachglas oder ein Glas, Frischhaltefolie, ein engmaschiges Sieb, ein Baumwolltuch oder Küchenpapier, Papiertüten, Becher, kleine Töpfe, Universal-Pflanzenerde, ein Wassersprüher.

Besonderheiten

Die ungewöhnlichen Farben der Tomaten liegen am Gehalt von Pigmenten wie Lycopin (verantwortlich für die Farbe Rot), Beta-Carotin (Gelb und Orange) und Anthocyanen (Rot und Blau). Die endgültige Färbung hängt von der Kombination der verschiedenen Pigmente ab oder von der stärkeren Ausprägung einer der Farbstoffe gegenüber dem anderen.

Eigenschaft

Tomaten sind reich an Vitamin C, haben dank Lycopin harntreibende und antioxidative Eigenschaften, schützen das Sehvermögen aufgrund ihres Gehaltes an Vitamin A und Lutein und unterstützen die Verdauung.

Pflanze

Die Tomate *(Solanum lycopersicum)* ist eine einjährige krautige Pflanze, die vollständig von einer dünnen drüsigen Behaarung bedeckt ist, die beim Zerreiben den charakteristischen Geruch freisetzt. Die gefiederten Blätter bestehen aus fünf bis sieben gezackten Blättchen. Die Blüten sind gelb und stehen in Blütenständen mit fünf bis 15 Blüten. Die Früchte sind fleischige Beeren.

SO WIRD'S GEMACHT

1/2 Halbieren Sie eine reife Tomate, drücken Sie sie vorsichtig mit den Fingern zusammen und sammeln Sie Saft und Samen in einem Einmachglas.

3/4 Fügen Sie ein paar Esslöffel Wasser hinzu, bedecken Sie das Glas mit Frischhaltefolie, die an mehreren Stellen perforiert ist, und stellen Sie es an einen warmen, nicht zu hellen Ort.

5 Nach sieben bis zehn Tagen werden die Samen auf dem Boden des Glases liegen, während sich auf der Oberfläche eine dünne weißliche Schicht gebildet hat: Dies ist eine gelatineartige Substanz, die verhindert, dass die Samen keimen, solange sie sich in der Frucht befinden.

6/7 Entfernen Sie die inzwischen vergorene Gelatineschicht, indem Sie sauberes Wasser hinzufügen und die Gelatineschicht aus dem Gefäß laufen lassen.

8 Sammeln Sie die Samen im Sieb und spülen Sie sie unter fließendem Wasser ab.

9 Legen Sie die Samen zum Trocknen auf dem sauberen Baumwolltuch oder auf Küchenpapier für ein paar Tage an einen luftigen Ort, aber nicht in die Sonne. In dieser Zeit entfernen Sie dunkle oder schwarze Samen (eventuell mit der Hilfe einer Pinzette), da diese nicht keimen werden. Wenn sie vollständig trocken sind, lagern Sie die „guten" Samen in den Papiertüten.

NACH EINIGER ZEIT ...

Zwischen Februar und März können Sie mit dem Anbau beginnen. Füllen Sie kleine Töpfe mit Universal-Pflanzenerde und formen Sie mit Hilfe eines Bleistifts drei flache Mulden in die Erde. In jede Mulde legen Sie einen Samen und bedecken ihn mit etwas Erde. Anschließend befeuchten Sie die Erde mit dem Wassersprüher und stellen die Töpfe an einen warmen hellen Ort, aber nicht direkt in die Sonne. Halten Sie die Erde immer leicht feucht. Nach etwa zehn Tagen werden die Sämlinge sprießen. Die robustesten Pflanzen können Sie dann umtopfen, wenn sie ausreichend groß sind.

TOMATE
1
2
3
4
5
6
7
8
9

JEDER MÄCHT'GE BAUM WAR EINST ...

Ein Obstgarten erfordert Platz,
Zeit und vor allem eine gewisse Kompetenz.
Der Anbau eines Obstbaumes mit dem einzigen
Zweck, seine Anwesenheit in einer Ecke des Gartens
oder auf der Terrasse des Hauses zu genießen,
gelingt allen, die bereit sind, zu experimentieren –
und eventuelle Misserfolge gelassen
in Kauf nehmen.

ZITRONE

Zitronen sind zierliche und elegante Pflanzen mit immergrünem, glänzendem Laub, von dem sich die goldgelben Früchte und die weißen duftenden Blüten abheben. Lange Zeit fanden Zitronenpflanzen auf Grund ihres ansprechenden Aussehens nicht als Obstbäume, sondern als Zierpflanzen Verwendung: Sie verschönerten damals Adelshäuser und -gärten, kletterten Spaliere und Gartenlauben entlang, wurden in Terrakotta-Vasen in den Innenhöfen, entlang der Balustraden oder Wasserbassins aufgestellt oder in Reihen oder kleinen Hainen angeordnet. Als gegen Ende des 18. Jahrhunderts barocke Gärten aus der Mode kamen, verließen die Zitrusfrüchte die Gewächshäuser, Alleen und repräsentativen Säle, um in der Erde Wurzeln zu schlagen. Im 19. Jahrhundert wurden Zitrusfrüchte zum ersten Mal für kommerzielle Zwecke angebaut. In Italien standen dabei die Regionen im Golf von Neapel sowie in Sizilien, im Gebiet des sogenannten Conca d'Oro um Palermo an erster Stelle. Heute ist Italien nach wie vor einer der wichtigsten Zitrusproduzenten des Mittelmeerraums und bekannt für wertvolle alte Zitronensorten, etwa die *Ovale di Sorrento*, die schon im 17. Jahrhundert angebaut wurde, oder die *Peretta*, die bereits in den Medici-Gärten vorhanden war.

Es mag sein, dass die Zitronen, die Sie in Ihrer Küche haben, nicht von so nobler Abstammung sind und Sie sie gekauft haben, ohne sich viele Fragen über ihre Geschichte zu stellen. Aber sicher können Sie einfach nicht auf Zitronen verzichten. Wenn Sie das nächste Mal eine Zitrone aufschneiden und auspressen, legen Sie einfach die Samen beiseite und werden Sie zum Zitrusfrüchtezüchter. Sie werden sicherlich einige Zitronensämlinge erhalten – ob sie dann auch Früchte tragen werden … wird sich zeigen. Beachten Sie auf alle Fälle, dass der Frühling der richtige Zeitpunkt ist, um zu beginnen.

WAS MAN ERHALTEN WIRD: Samen und Sämlinge.

BENÖTIGTES MATERIAL: ein oder mehrere Gefäße, Blähton, Universal-Pflanzenerde gemischt mit Flusssand (⅔ Erde, ⅓ Flusssand), ein scharfes Messer oder ein Teelöffel, ein engmaschiges Sieb, ein Wassersprüher, Frischhaltefolie.

ZITRONE

Pflanze

Die Zitrone *(Citrus limon)* ist ein Baum mit dornigen Zweigen und immergrünen Blättern, der bis 6 m hoch werden kann. Die stark duftenden Blüten blühen sowohl im Frühling (Winterzitronen) als auch im September (Verdelli).

Besonderheiten

Nicht alle Zitronen sind gelb: Früchte und Blätter der alten Sorte *Citrus limon ‚Foliis Variegatis'* sind zum Beispiel grün gestreift. Früchte neu gezüchteter Sorten aus *Citrus medica* und *Citrus limonimedica* dagegen bekommen nach der Reifung eine rote Färbung.

Geschichte

Obwohl die Pflanze geradezu für den Mittelmeerraum steht, ist die Zitrone eigentlich im Fernen Osten (Indien und China) beheimatet. Araber, die ihre heilenden Eigenschaften bereits schätzten, führten sie im 10. Jahrhundert nach Spanien und später Sizilien ein.

Eigenschaften

Zitronensaft ist reich an Kalium und Vitamin C und daher ein starkes Antioxidans. Das ätherische Öl, das aus der Schale extrahiert wird, wird in der Aromatherapie als Beruhigungs- und Entspannungsmittel verwendet, während aus dem Mesokarp (dem weißen Teil der Schale) Pektin gewonnen wird, das als Verdickungsmittel in verschiedenen Lebensmitteln verwendet wird.

SO WIRD'S GEMACHT

Bereiten Sie das Gefäß vor, indem Sie den Boden mit einer dünnen Schicht Blähton bedecken, um das Abfließen des Wassers zu fördern. Danach füllen Sie die Erde-Sand-Mischung bis ein paar Zentimeter unterhalb des Gefäßrandes ein.

1 Halbieren Sie eine Zitrone und entnehmen Sie die Samen mit Hilfe des Teelöffels oder mit der Messerspitze. Alternativ können Sie sie auch sammeln, nachdem Sie die Zitrone ausgepresst haben.

2 Wählen Sie die größeren und gleichmäßig geformten Samen, legen Sie sie in das Sieb und spülen Sie sie unter fließendem Wasser ab, um alle Reste des Fruchtfleisches zu entfernen.

3 Setzen Sie zwei oder drei Samen jeweils etwa 2 cm tief in die Erde. Am besten pflanzen Sie mehr als einen Samen ein, um Ihre Erfolgschancen zu erhöhen. Befeuchten Sie die Erde und bedecken Sie das Gefäß anschließend mit Frischhaltefolie.

4 Stellen Sie das Gefäß an einen warmen, hellen Ort im Haus und halten Sie die Erde mit dem Wassersprüher immer feucht, ohne sie aufzuschwemmen. Nach circa zwei bis vier Wochen werden die Sämlinge sprießen. Sie können jetzt die Frischhaltefolie entfernen und die robusteren Pflanzen behalten.

NACH EINIGER ZEIT ...

Lassen Sie die Zitronensämlinge im Haus am selben Ort weiterwachsen. Die Erde sollte immer leicht feucht sein. Ein Spezialdünger für Zitrusfrüchte kann das Wachstum unterstützen. Im Sommer können Sie die Pflanze im Freien in eine schattige, vor dem Wind geschützte Ecke stellen, aber sobald die Temperaturen sinken, müssen Sie sie zurück ins Haus holen. Alle zwei bis drei Jahre sollten Sie Zitronen umtopfen, idealerweise im Mai oder Juni, damit sich das Wurzelwerk besser entwickeln kann; der Durchmesser des Gefäßes muss jedes Mal etwa 5 cm breiter als zuvor sein. Was die Art des Gefäßes betrifft, eignet sich der klassische Blumenkübel – idealerweise aus Terrakotta – am besten.

ZITRONE

JAPANISCHE WOLLMISPEL

Hinter dieser Pflanze verbirgt sich ein botanisches Rätsel: Warum wird ein Baum, der in China beheimatet ist, als japanische Wollmispel bezeichnet? Vielleicht, weil die Pflanze gerade im Land der aufgehenden Sonne besonders geschätzt wurde, dort in großem Maße kultiviert und dank ständiger Züchtungsarbeit zu Sorten mit größeren und saftigeren Früchten veredelt wurde. Nach Europa kamen die ersten Pflanzen Ende des 18. Jahrhunderts: 1784 und 1787 wurden Exemplare jeweils an den Botanischen Garten von Paris und in die Kew Gardens in London geliefert. Im weiteren Verlauf ihrer Verbreitung gelangte sie als Zierpflanze in die privaten Gärten. Erst Mitte des 19. Jahrhunderts wurde die japanische Wollmispel als Obstbaum in den Mittelmeerregionen angebaut.

Die Pflanze blüht spät und lange von Oktober bis Dezember. Ihre Früchte sind im späten Frühling reif, also zu einer Jahreszeit, in der Erdbeeren und Kirschen den Markt beherrschen, so dass der Konsum von Wollmispeln relativ niedrig blieb. Um diese Konkurrenz zu vermeiden, wurde die Ernte vorgezogen - mit der Folge, dass die Früchte auf dem Markt häufig noch eine bittere Note haben, die mit dem frischen, süß-sauren Aroma der reifen Früchte nicht zu vergleichen ist.

Ein Vorteil dieses Baumes ist, dass er leicht aus Samen gezogen werden kann und Sie sicher sein können, gesunde und robuste Sämlinge zu erhalten. Die Pflanzen können Sie zuerst in Töpfen kultivieren und später, unter geeigneten Klimabedingungen, in den Garten umpflanzen. Weniger sicher ist die Qualität der Früchte, die wahrscheinlich eher klein und wenig schmackhaft sein werden. Aber die japanische Wollmispel ist ein so schöner Baum, dass sich ein Kultivierungsversuch dennoch lohnt.

WAS MAN ERHALTEN WIRD: Samen und Sämlinge.

BENÖTIGTES MATERIAL: ein scharfes Messer, ein Sieb oder Seiher, ein Glas, ein luftdicht verschließbares Einmachglas, eine Baumwollserviette, ein Wassersprüher, ein oder mehrere Gefäße, Universal-Pflanzenerde, Blähton.

JAPANISCHE WOLLMISPEL

Pflanze

Die japanische Wollmispel *(Eriobotrya japonica)* ist ein Baum, der bis zu 8 m hoch werden kann. Ihre großen, immergrünen Blätter sind dick und ledrig, auf der Unterseite hell und behaart. Die duftenden, rosa-weißen Blüten stehen in Blütenständen. Jede Frucht enthält bis zu vier große, braune Samen.

Besonderheiten

Die Samen der japanischen Wollmispel werden in Italien verwendet, um einen Likör namens „Nespolino" zuzubereiten, der mit seinem bitteren Geschmack an Amaretto erinnert.

Eigenschaften

Die Früchte der japanischen Wollmispel sind sehr kalorienarm und reich an Kalium. Sie enthalten viel Pektin, das wasserbindende und quellende Eigenschaften hat und daher verdauungsfördernd wirkt, den Dickdarm schützt und den Cholesterinspiegel senkt.

SO WIRD'S GEMACHT

1 Halbieren Sie eine oder mehrere reife Früchte, lösen Sie die Samen aus und verarbeiten Sie sie sofort weiter, da sie schnell austrocknen und dann ihre Keimfähigkeit verlieren.

2/3 Spülen Sie sie unter fließendem Wasser ab, um Reste des Fruchtfleisches vollständig zu entfernen. Legen Sie sie anschließend in ein wassergefülltes Glas und lassen Sie sie für 24 Stunden quellen, so dass die Außenhaut der Samen weicher wird.

4/5 Sie können die Samen nun mit oder ohne Außenhaut verwenden – das Vorgehen ist dasselbe, die Keimzeiten sind allerdings kürzer, wenn die Samen „nackt" sind.

6/7/8 Legen Sie das Einmachglas mit der Serviette aus, geben Sie die Samen hinzu und falten Sie die Serviette zusammen. Nun befeuchten Sie sie großzügig mit dem Wassersprüher und schließen das Glas.

9 Nach einer Woche werden die Samen ohne Außenhaut bereits eine Wurzel gebildet haben – die anderen Samen brauchen mehr Zeit. Wenn die Wurzeln mindestens 2 cm lang sind, können Sie die Samen einpflanzen.

NACH EINIGER ZEIT …

Bereiten Sie das Gefäß (oder die Gefäße) mit einer 2 cm dicken Schicht Blähton auf dem Boden vor, geben Sie Erde hinein und setzen Sie die Samen mit der Wurzel nach unten ein (achten Sie darauf, die Wurzel dabei nicht zu beschädigen). Nachdem Sie weitere Erde auf der Oberfläche verteilt haben, befeuchten Sie sie mit dem Wassersprüher und stellen Sie das Gefäß an einen hellen Ort, aber nicht direkt in die Sonne. Halten Sie die Erde stets feucht, ohne sie aufzuschwemmen.

JAPANISCHE WOLLMISPEL

WEINTRAUBE

Die Rebe ist als Geschenk der Götter, Fruchtbarkeitsspenderin und auf unzähligen Darstellungen mit vielfältiger Symbolik in verschiedenen Kulturen präsent. Besonders häufig kommt sie im Mittelmeerraum vor, wo sie seit prähistorischer Zeit kultiviert wird. Allerdings wurden die ersten Zeugnisse des Weinbaus nicht dort, sondern im Kaukasus, in Turkestan und Armenien gefunden. Der Weinbau wurde durch die Griechen nach Europa gebracht, Etrusker und Römer perfektionierten die Techniken. Nach dem Ende des Römischen Reiches haben Mönche, insbesondere die Benediktiner, das Erbe des Weinbaus bewahrt und weiter verbessert. Durch sie verbreitete sich der Anbau der Rebe in ganz Europa.
Mit ihren hellen oder dunklen, perfekt kugelförmigen oder länglichen, zu mehr oder weniger vollen Trauben gefassten Beeren stehen Weintrauben bis weit in den Herbst hinein für die Fülle des Spätsommers. Zu dieser Zeit gibt es viele Tafelsorten auf dem Markt, von denen die meisten aus Italien importiert werden. Unter den Sorten mit goldenen Früchten ist *Italia* mit ihren symmetrischen Trauben und süßlichen Beeren, die eine knackige Außenhaut haben, eine der am meist verbreiteten, ebenso *Regina*, eine sehr alte Traube mit einem Hauch Muskataroma. Unter den roten und blauen Sorten werden *Michele Palieri* und *Isabella* besonders geschätzt, während *Apulia Rose*, die sich durch ihre rubinrote Farbe auszeichnet, zu den in letzter Zeit sehr gefragten kernlosen Trauben gehört.
Der Rebenanbau ist für jedermann möglich, wenn man von den bereits gepfropften Stecklingen ausgeht, die nach dem Kauf direkt eingepflanzt werden können. Mühsamer wird es, wenn Sie mit den Samen starten. Um diese Erfahrung erfolgreich zu meistern, helfen Ihnen die Neugier und Experimentierfreude, die wir Ihnen mit diesem Buch vermitteln möchten.

WAS MAN ERHALTEN WIRD: Samen und Sämlinge.

BENÖTIGTES MATERIAL: ein scharfes Messer, ein Teelöffel, eine Plastikschale, torfreiche Pflanzenerde, eine Handvoll Perlit, kleinere Gefäße, ein Wassersprüher.

WEINTRAUBE

Pflanze

Die Rebe *(Vitis vinifera)* ist ein mit Sprossranken kletternder Strauch, dessen Blätter drei- bis fünflappig sind. Die winzigen, grünlichen Blüten stehen in dichten Blütenständen. Ihre Früchte sind je nach Rebsorte unterschiedlich gefärbt.

Eigenschaften

Die kaliumreichen, aber natriumarmen Trauben haben harntreibende Eigenschaften. Sie sind eine gute Quelle für antioxidative Ballaststoffe und Polyphenole, die besonders in der Schale konzentriert sind.

Besonderheiten

Aus den Samen der Trauben, den Traubenkernen, wird ein Öl gewonnen, das reich an Linolsäure ist, einer ungesättigten Fettsäure, die zu den Omega-6-Fettsäuren gehört. Es wird als Öl in der Küche und im kosmetischen Bereich als Feuchtigkeitsspender für die Haut verwendet.

SO WIRD'S GEMACHT

1/2 Halbieren Sie die Beeren und entnehmen Sie die Samen mit Hilfe des Teelöffels. Jede Frucht enthält in der Regel drei bis fünf Kerne.

3/4 Füllen Sie die Plastikschale mit der Mischung aus Erde und Perlit. Letzteres fördert die Entwässerung. Verteilen Sie die Samen mit einem Abstand von 2 cm zueinander auf der Erde und drücken Sie sie mit den Fingern leicht hinein. Besprühen Sie die Erde mit Wasser und stellen Sie die Schale an einen sonnigen Ort auf dem Balkon oder auf der Terrasse. Halten Sie die Erde immer leicht feucht, aber nicht zu nass, um zu verhindern, dass die Samen verfaulen.

NACH EINIGER ZEIT ...

Damit sie keimen, müssen die Samen der Weinrebe für eine bestimmte Zeit der Kälte ausgesetzt werden, wobei die Temperatur nicht geringer als 3 bis 4 °C sein darf. Stellen Sie die Schale für zwei bis drei Monate ins Freie, bis die ersten Sämlinge mit den ansteigenden Temperaturen sprießen. Jetzt können Sie sie in einzelne Gefäße umpflanzen. Halten Sie die Erde immer feucht. Wenn die Sämlinge eine Höhe von 30 cm erreicht haben, topfen Sie sie in größere Gefäße (mindestens 50 cm breit und tief) um oder pflanzen Sie sie direkt ins Freie. Erst nach circa drei Jahren werden Ihre Reben Früchte tragen, die aber nicht unbedingt so schmecken werden, wie die ursprünglichen.

TIPP

Ein Miniatur-Weinberg

Eine Weinrebe auf der Terrasse anzupflanzen ist möglich, man benötigt nur ein mindestens 50 cm tiefes und breites Gefäß und die richtige Rebsorte. Eine ideale Sorte ist **Americana** *mit ihren schwarzen und süß-sauren Beeren, die widerstandsfähig und resistent gegen jede Krankheit ist. Mit ihren blattreichen Ranken kann sie eine Pergola, eine Wand oder ein Geländer bedecken. Auch eignen sich dafür die Sorten* **Isabella***, die schwarze Beeren mit Erdbeergeschmack hat, und* **Zibibbo***, deren knackige, weiße Beeren ein süßes Muskataroma besitzen. Wenn nur wenig Raum vorhanden ist und Sie auf das Vergnügen einer Handvoll Trauben aus eigenem Anbau nicht verzichten wollen, können Sie Minireben wählen: Dabei handelt es sich nicht um Bonsai-Gewächse, sondern um Pflanzen, die maximal 1,2 m hoch werden.*

WEINTRAUBE

REGISTER